T0299023

نظم المعلومات المحاسبية

نظم المعلومات المحاسبية

تأليـــــف

سيد عطا الله السيد

الطبعة الأولى

2009م/ 1430هـ

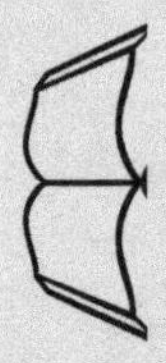

حقوق الطبع محفوظة للناشر

المملكة الأردنية الهاشمية

رقم الإيداع لدى دائرة المكتبة الوطنية (2079/6/ 2008)

رقم التصنيف: 657

السيد، سيد عطا الله

نظام المعلومات المحاسبية

المؤلف ومن هو في حكمه: سيد عطاالله السيد

بيانات الناشر: عمان- دار الراية للنشر والتوزيع،2009

عدد الصفحات (238)

ر.أ: (2079/6/ 2008)

الواصفات: / المحاسبة // المحاسبة المالية

ردمك: ISBN 978-9957-499-41-9

* تم إعداد بيانات الفهرسة والتصنيف الأولية من قبل دائرة المكتبة الوطنية.

دار الراية للنشر والتوزيع

شارع الجمعية العلمية الملكية - المبنى الاستثماري الأول للجامعة الأردنية

هاتف 5338656 (9626)

فاكس 5348656(9626) نقال 77241212 962 ص.ب 5247

الجبيهة الرمز البريدي 11941 عمان- الأردن

E-mail: dar_alraya@yahoo.com

يحظر طبع أو تصوير أو ترجمة أو إعادة تنفيذ الكتاب كاملاً أو مجزءاً

أو تسجيله على أشرطة كاسيت أو إدخاله على الكمبيوتر

أو برمجته على إسطوانات ضوئية إلا بموافقة الناشر خطياً

مقدمة

تحاول المنظمات أن تستخدم وتوظف العاملون الذين يحملون المؤهلات والمهارات الكافية في مجالات عمل الحواسب ونظم المعلومات المحاسبة. وعلى ذلك أعلنت العديد من المنظمات المهنية العالمية المتخصصة في مجال المحاسبة عن حاجتها إلى مفاهيم الحواسبة وتكنولوجيا المعلومات لتكون جزءاً من المعرفة والمهارات والقدرات للمهن المحاسبية، وهؤلاء المنظمات والجمعيات تعلن بأن مهنة المهنيين المتخصصين في المجال المحاسبي ينبغي ان يكونوا قادرين على تطبيق برامجيات التطوير والتحسين المنتجة.

إن تخصص نظم المعلومات المحاسبية يربط معاً مجموعة مهارات في تخصيص ومجالين للخبرات المتنامية والمتغيرة بشكل سريع، هما المحاسبة وتكنولوجيا المعلومات. كما أن العديد من الوظائف التقليدية المحاسبية قد دمجت وشملت في نظم تطلب خليط جديد من المعرفة التكنولوجية والمحاسبية، وبذلك يهدف إلى تزويد هذا النوع من الدمج للمعرفة ومجموعات المهارات لمواجهة هذه التحديات والفرصة الجديد لعالم تكنولوجيا المعلومات والتعامل معها.

تم تقسيم الكتاب إلى ثمانية عشر فصلاً على النحو التالي:

الفصل الأول - بيئة تطوير النظم

الفصل الثاني - نظم المعلومات المحاسبية

الفصل الثالث - هيكل النظم المحاسبي

الفصل الرابع- مدخلات ومخرجات نظم المعلومات المحاسبية

الفصل الخامس- تطوير وتوثيق نظم المعلومات المحاسبية

الفصـــــل الســـــادس - جودة المعلومات المحاسبية

الفصـــــل الســـــابع- المحاسبة الإدارية ونظم المعلومات المحاسبية

الفصـــــل الثـــــامن - معالجة البيانات في إطار علم المحاسبة

الفصـــــل التاســـــع - نظم معلومات المحاسبة المالية

الفصـــــل العـــــاشر - نظم المعلومات المحاسبية في المنظمة

الفصل الحادي عشر- العلاقة بين العوامل السلوكية ونظام المعلومات المحاسبية

الفصل الثاني عشر - دورة الإنتاج في نظم المعلومات المحاسبية

الفصل الثالث عشر - تحليل التكلفة والمنفعة في تقييم المحاسبية

الفصل الرابع عشر - الرقابة ونظم المعلومات المحاسبية

الفصل الخامس عشر- تصميم وتكلفة الاستثمار في نظام المعلومات المحاسبية

الفصل السادس عشر- مراجعة نظم المعلومات المحاسبية الإلكترونية

الفصل السابع عشر - نظام المعلومات المحاسبية والتجارة الإلكترونية

الفصل الثامن عشر - قائمة المراجع

المؤلـــــف

الفصل الأول

بيئـــة تطوير النظـــم

بيئة تطوير النظم

تعاريف مهمة في النظم

نود الحديث عن بعض التعريفات الأساسية وهي كالتالي:

(1) النظام: (System)

النظام هو مجموعة من المكونات المرتبطة ببعضها بعضاً، والتـي تخـدم غـرض مشـترك، ويمكن أن يحتوي النظام على مجموعة من الأدوات والآلات والإجراءات والمستخدمين.

عناصر النظام:

لا يكون لكل النظم نفس خليط العناصر وإنما لها تشكيل أساسي سـنتطرق لـه مسـتقبلا الأجزاء المكونة للنظام:

تتحول موارد المدخلات إلى موارد مخرجات وتتدفق الموارد من عنصرـ المـدخلات خـلال عنصر التمويل إلى عنصر المخرجات .

وتوجه آلية التحكم عملية التحويل لضمان أن النظام يحقق أهدافه .

وتتصل آلية التحكم بتدفق الموارد عن طريق دورة تغذيـة مرتجعـة التـي تحصـل عـلى معلومات من مخرجات النظام وتنتجها لآلية التحكيم.

وتقارن آلية التحكم إشارات التغذية المرتجعة مع الأهداف وتوجـه الإشـارات إلى عنصرـ المدخلات عندما يلزم تعديل عملية النظام.

(2) **التحليل**:(Analysis)

هي المرحلة التي تعرف فيها متطلبات النظام الجديد.

(3) **التصميم**:(Design)

هي المرحلة التي تستخدم فيها المتطلبات التي عرفت في مرحلة التحليل لإنتاج خطط فعلية للنظام الجديد.

(4) **محلل النظام**:(Analysis System)

هو الشخص المسؤول عن تحليل وتصميم وتنفيذ أي نظام على الحاسب، ومن الممكن أن يكون محلل النظم عضو في فريق من المحللين وذلك في الأنظمة الكبرى، أما لو كان النظام صغير فيكفي محلل نظم واحد لذلك.

(5) **علم تطوير النظم** (***System development Methodology***)

هو العمليات الأساسية والثابتة والمتبعة بداخل المنشأة للاتصال بجميع الخطوات الضرورية للتحليل والتصميم والتنفيذ وصيانة نظم المعلومات.

(6) **دورة حياة النظام**:(SDLC)

هو العلم التقليدي المستخدم لتطوير وصيانة وإحلال نظم المعلومات القديمة بالنظم للجديدة.

(7) **النموذج الأصلي أو الطراز البدائي (علم النموذج الأصلي**

(***Prototyping Methodology***)

هو عملية إعادة العمليات للنظام العامل لتطوير النظم والتي من خلالها لا يستطيع النظام العامل أن يحقق كل المتطلبات، وذلك من خلال مراجعة وإعادة هذا النظام والعمل عليه بشكل مستمر ويكون ذلك من خلال التعاون بين كلٍ من المحلل والمستخدمين.

(8) هندسة نظم البرامج بمساعدة الحاسب

(CASE) Computer - Aided Software Engineering

هي فئة من نظم البرامج التي لها هدف تحويل بعض أحمال عمل تطوير النظم من المطورين البشريين إلى الحاسب وتوجد العديد من منتجات (CASE) في الأسواق والتي تحقق هذا الهدف بدرجات متفاوتة، وهناك أربعة فئات لذلك:

1) أداة (CASE) **عليا**:(Upper Case Tool)

ويمكن أن يستخدمها منفذو الإدارة العليا بالمنشأة عندما يقومون بعمل تخطيط استراتيجي.

2) أداة (CASE) **متوسطة**:(Middle Case Tool)

ويمكن أن تستخدم أثناء مرحلتي التحليل والتصميم في توثيق العمليات والبيانات لكل من النظام الموجود والجديد.

3) أداة (CASE) **منخفضة**:(Lower Case Toll)

وتستخدم أثناء مرحلتي التنفيذ والاستخدام لمساعدة البرامج في تطوير واختبار وصيانة الشفرة.

4) أداة (CASE) **متكاملة**:(Integrated Case Toll)

وتقدم خليطاً من التغطية لأدوات (CASE) العليا والمتوسطة والمنخفضة.

* **مميزات وعيوب:(CASE)**

(أ) مميزات (CASE)

- تسمح (CASE) للمطورين باستخدام رسومات مثل رسومات تدفق البيانات، وخرائط الهيكل التي كانت مرهقة قبل ذلك في رسمها ومراجعتها، خاصة للمشروعات الكبيرة، ويمكن الاحتفاظ بقواميس البيانات التي لها آلاف المحتويات، والتي كانت مستحيلة الصيانة يدوياً تقريباً مع جعلها متاحة للمحللين.
- تسمح بصيانة سهلة للمواصفات، والتي تعني بدورها أن المواصفات ستكون أكثر عولية في تجديدها، وتوفر المواصفات التي تكون مجددة محاولة توثيق لآخر جهود صيانة للنظام.
- تفرض نمطيات صارمة على كل المطورين، وكل المشروعات، تأثير ذلك أن كل فرد يتكلم نفس اللغة التي تجعل الاتصالات بين المطورين أكثر كفاءة.
- اختبار المواصفات بالنسبة إلى الأخطاء، والأشياء المحذوفة، وعدم الاتساق.
- السماح باختبار النظام تحت التطوير على الورق. كما تسمح النماذج الأولية للشاشات والتقارير باختبار الأسطح البينية للمستخدم أيضاً قبل مواجهة التكاليف المصاحبة لبرمجة النظام الكامل، لذلك يمكن اكتشاف الأخطاء والأشياء المحذوفة ويظل من غير المكلف تصحيحها.
- فحص العلاقة المتداخلة بين مناطق المشروع المختلفة، مثال ذلك، يمكن أن يكون منتج (CASE)قادراً على تحديد أي الملفات، والبرامج بالضبط التي يمكن أن تتأثر إذا اتسع الرمز البريدي إلى 9 خانات.

- توفير اتصال سهل لكل فرد من أفراد فريق المشروع بأحدث تحديد لمواصفات المشروع.
- تشجيع التنقية المتكررة نظراً لسهولة تغيير المواصفات، نتيجة لذلك، يطور نظام مرتفع الجودة (أي نظام به قلة من العيوب، والمتطلبات المفتقدة) والذي يحقق احتياجات المستخدمين بصورة أفضل. ومن التأثير النهائي لهذا زيادة الإنتاجية عن طريق تقليل جهود تصحيح الأخطاء.
- يكون الإدمان على الإنتاجية، إلا أن الموضوع الحقيقي هو "الجودة" طبقاً لقول فوجهان ميرلين (Voghan Merlyn) رئيس أبحاث .(CASE) تعلمك (CASE) كيف تؤدي الأشياء بصورة أفضل، وليس كيف تؤدي الأشياء الخطأ أسرع.

(ب) عيوب هندسة نظم البرامج بمساعدة الحاسب(CASE Disad vantages)

بالطبع، توجد قلة من أوجه القصور المصاحبة لاستخدام أي أداة جديدة:

- يمكن أن تكون منتجات (CASE) مكلفة، تكلف الكثير من منتجات (CASE) كاملة الريش للحاسبات المصغرة أكثر من 5000 دولار، ويمكن أن يكلف منتج AD/Cycle) Repository)من شركة (IBM) ما يقرب من 1000000دولار مع تشييد كل السمات

.

- لازالت (CASE) في سن المراهقة، وعادة يكون الممارسون العمليون في موقف الرواد، ونظراً لأن التقنية لازالت غير راسخة تماماً فعادة تكون نظم برامج (CASE) كبيرة، وغير مرنة، ومزاجية.
- لازالت منتجات (CASE) الحالية لا توفر بيئة تطوير كاملة التكامل، فعادة يجب على المستخدم أن يجمع أدوات مختلفة من موردين مختلفين مع بعضها

بعضاً لكي يخدم كل مراحل دورة حياة تطوير النظام، وعادة تكـون القطـع المختلفـة غير قادرة على الكلام مع بعضها البعض، مما يجبر المحلل على توفير سطح بيني يدوي بين المنتجات المختلفة.

- إذا لم يكن المطورون قد استخدموا منهجاً مهيكلاً صارماً في التطوير في الماضي، فسـوف يزيد استخدام (CASE) الوقت الـذي يسـتغرقه إتمـام المشرـوع بالفعـل نظـراً لأنهـم يفرضون هذه المنهجية المهيكلـة والصـارمة، ويمكـن أن يسـتغرق النظـام النـاتج وقتـاً أطول في تطويره لكنه سيكون مرتفع الجودة بالضرورة.
- عادة يتوقع المستخدمون أن تكون (CASE) علاجاً فورياً لمشاكل تطوير النظـام لكـن بدلاً من ذلك عادة توجد فترة تعلم طويلة قبل أن يمكـن اسـتخدام الأدوات بفعاليـة، نتيجة لذلك، يمكن ألا تظهر النتائج الإيجابيـة في تقـارير الـدخل للمنظمـة لفـترة مـن الوقت، فهناك حاجة إلى وقت للحصول عـلى منـافع (CASE) الكاملـة، وطبقـاً (لـلي ستيفنز) مهندس تقنية في منشأة بتني بووس لا تتوقع أنها توجيه أحد الأفـراد لـك في يومين، كما أنها ليست في 6 شهور كما يتخيل البعض، فمن الأكثر ترجيحاً أن تكـون في سنتين. يجب أخذ القرار للعمل بأدوات (CASE) مع إدراك أنها ستتواجد لفترة.
- يحتاج تشييد وتنفيـذ منتجـات(CASE) إلى كـم هائـل مـن المراقبـة، والتوجيـه مـن جانب الإدارة، فإذا لم يتوفر التدريب، والتحفيز المناسبين للممارسـين العمليـين، يمكـن أن تستخدم (CASE) أقل كثيراً من "حفر الأكلاشيه" المحوسب.

- يجب أن يكون للمحللين السيادة على أساليب التحليل والتصميم المهيكلين إذا كانوا سيستغلون (CASE) بصورة جيدة، فإذا توقع المحللون أن يتعلموا الأساليب المهيكلة هذه في نفس وقت تعلمهم (CASE) فسوف تتضخم كل تقديرات الوقت والتكلفة للمشروع للسماح بفترة تعلم ممتدة.

يجب أن يتذكر المحللون دائماً أن أدوات (CASE) ليست إلا أدوات بسيطة، وليست حلالاً للمشاكل، عادة يتوقع المستخدمون من (CASE) أن تحل أزمة نظم البرامج بسهولة، لسوء الحظ، مثلما لا يستطيع مشغل الكلمات أن يعيد جودة الكتابة المسرحية في شكسبير آخر لا تحول (CASE) جودة تطوير النظم إلى فرد ماهر، إضافة إلى ذلك، لازال التحليل عملية مكلفة العمالة حتى بالدعم الذي توفره. (CASE)

- التطوير السريع للتطبيق: (*Rapid application development*)

ويعد التطوير السريع للتطبيق منهجية تستهدف الاستجابة السريعة لاحتياجات المستخدم مثلما يحدث من عمل النموذج الأولي (Protoype) إلا أنها أوسع في مداها .ويكون التطوير السريع للتطبيق عبارة عن مجموعة متكاملة من الاستراتيجيات والمنهجيات والأدوات الموجودة في إطار شامل يسمى هندسة المعلومات.

سمات المحلل الجيد

لكي يصبح محلل النظم جيد لابد أن يتمتع بالمهارات الآتية:

(1) مهارات الاتصال(Communication skills) :

- مهارة الاتصال هامة وحيوية جداً لنجاح أي مشروع
- لابد أن يكون للمحلل القدرة على تبادل الحوار ومناقشة الإدارات العليا حتى يستطيع الوصول للاتفاق معهم، كذلك لابد أن يكون لديه القدرة على التعامل مع الأشخاص الغير فنيين وذلك ليستطيع الحصول على أي معلومات

يحتاجها منهم، وكذلك ليتم التعامل مع النظام كما خطط له, كما يستطيع مناقشة المبرمجين حتى يستطيعوا تكوين ما قام بتصميم وتحليله.

- أن يتمتع بالقدرة على المخاطبات والمراسلات بشكل واضح جداً ومختصر جداً.

(2) مهارات حل المشاكل(Problem solving skills) :

عادة تطور المنظم حل المشاكل الموجودة بها. ولذلك لابد أن يتمتع المحلل بالخبرة الكافية لحل المشاكل، ولحل المشاكل لابد أن يكون المحلل لديه القدرات الآتية:

1. تعريف المشكلة وتقسيمها إلى مشاكل أصغر وأكثر سهولة في التعامل معها.
2. أيضاً يكون لديه القدرة لاستخدام الرسومات كلما كان ذلك ممكناً في توضيح أفكاره، حيث تستطيع رسومات النظام المقترح في كشف العيوب مبكراً.
3. تحليل المشكلة لمعرفة السبب الرئيسي في حدوثها.
4. افتراض مجموعة من الحلول للتغلب على هذه المشكلة.
5. تقييم هذه الحلول لتحديد مميزات وعيوب كل منها وذلك لاختيار الأنسب منها.
6. أن يكون المحلل قادراً على العمل كعضو في فريق وكقائد لفريق.

(3) المعلومات العامة للأعمال:(Business knowledge)

يجب أن يكون المحلل ملماً بالأعمال بصفة عامة لكي يستطيع ترجمة كل متطلبات نظام الأعمال إلى معلومات نظام كفأ.

(4) المعلومات الفنية(Technical knowledge)

لابد أن يتمتع المحلل بالمعلومات الفنية في علوم الحاسب. وذلك من خلال معلوماته الكافية لكل من المنتجات الجديدة والمطورة في. (Hw & Sw)

المشاكل التي يواجهها محلل النظم:

1. تكون عملية التحليل والتصميم غامضة تماماً.
2. عادة ما يكون اختيار أداة التحليل والتصميم المناسبة صعباً.
3. يجب أن يكون المحلل ملماً بأحدث التطورات في عالم تقنية الحاسب سريع التغيير.
4. تتطور بيئة الأعمال بصورة مستمرة.
5. يقضي المحلل الكثير من وقته في التعامل مع البيئة السياسية للمنظمة.

أنواع تطوير نظم المعلومات

(***Types of is and system development***)

(1) نظم معالجة البيانات

: (Transaction processing systems (TPS))

هي نظم تستخدم لمعالجة البيانات المستخدمة في جميع أنشطة الأعمال وذلك بين جعل هذه الأنشطة بسيطة وكذلك تقسيم الأحداث لمنظمة معينة.

وعلى ذلك فالهدف من (TPS) هو:

تحسين التعامل ومعالجة البيانات وذلك بجعلها:

1. أسرع.
2. استخدام عدد أقل من المستخدمين.
3. بزيادة الكفاءة والدقة لهذه البيانات.

4. لتكامل هذه البيانات مع باقي نظم المعلومات الأخرى للمنظمة.

(2) نظم إدارة المعلومات [نظام المعلومات الإدارية]

[Management Information Systems (MIS)]

ويعد نظام المعلومات الإدارية أحد النظم الفرعية لنظام المعلومات المعتمد على الحاسب.

والغرض منه:

هو تحقيق الاحتياجات العامة لجميع مديري المنشأة أو المديرين الموجودين في وحدات فرعية تنظيمية للمنشأة من المعلومات، ويمكن أن تعتمد الوحدات الفرعية على المجالات الوظيفية أو المستويات الإدارية.

يستطيع أن يوفر:

ويوفر نظام المعلومات الإدارية معلومات للمستخدمين في صورة تقارير ومخرجات من المحاكاة عن طريق النماذج الرياضية. ويمكن تقديم التقرير ومخرجات النموذج في صورة جدول أو رسم.

(3) نظم دعم القرارات

(Decision support systems (DSS))

صمم (DSS) ليساعد صانعي القرار بالمنظمات لأخذ القرار.

يوفر نظام دعم القرار كلا من معلومات حل المشكلة ومقدرة اتصالات لحل مشاكل شبه مهيكلة وتنتج المعلومات في صورة تقارير دورية أو خاصة بالإضافة إلى مخرجات من النماذج الرياضية.

أنواع نظم دعم القرار:

"هناك ستة أنواع لذلك وهم"

1. استرجاع عناصر التعليمات.(Retrieve information elements)
2. تحليل الملفات.(Analyize entire files)
3. إعداد تقارير من ملفات مختلفة(Prepare reports from multiple files).
4. تقرير توابع القرار.(Estimate decision consequences)
5. القرار المقترح.(Propose decision)
6. اتخاذ قرار.(Make decision)

أهداف DSS التي يجب أن يحققها هي:

1. أن يساعد المديرين في إتخاذ قرارات لحل المشاكل شبه المهيكلة.
2. يدعم حكم المديرين.
3. يحسن من عملية اتخاذ المدير للقرارات.

دورة حياة تطوير النظم

(System Development LIF Cycle (SDLC)):

تمر نظم المعلومات بكل أنواعها خلال سلسلة من المراحل من بدايتها وحتى نهايتها، ويجب أن نفهم دورة حياة النظام (SDLC) هذه إذا أردنا أن ندرك دور محلل النظم بصورة كاملة. وفيما يلي الخطوات الأساسية لدورة حياة تطوير النظم وهي:

(1) مرحلة التخطيط وهي تشمل كلاً من:

1. تمييز المشكلة.

2. دراسة الجدوى.

(2) مرحلة التحليل.

(3) مرحلة التصميم.

(4) مرحلة التنفيذ وهي تشمل كلاً من:

1. التشييد.

2. التحول.

(5) مرحلة الاستخدام والصيانة.

(1) تمييز المشكلة:

يحدث ميلاد جديد للنظام عندما يتحقق المديرون أو المستخدمون أن هناك حاجة إلى نظام معلومات لأعمال جديدة أو أن نظام المعلومات للأعمال الموجودة لم يعد يعكس وظائف المنظمة .فمثلاً من الممكن أن نظام المعلومات الحالي للمنشأة لم يعد كافي نظراً للتوسع الكبير في المنشأة وبقاء نظام المعلومات الحالي كما هو أو أن النظام الحالي لن يوفر الاحتياجات المستقبلية لنمو المنشأة.

- اسم المرحلة : تمييز المشكلة.
- الوظيفة الرئيسية : تحديد أنه توجد مشكلة.
- المخرجات : التحويل لإجراء دراسة جدوى.
- الأدوات الأساسية : لا توجد.
- الأفراد والمهام : يخطر مدير، أو مستخدم المحلل بوجود مشكلة.

(2) دراسة الجدوى:

بعد تحديد المشكلة يبدأ المحلل بدراسة الجدوى للنظام المطلوب وذلك بتحديد المدخلات والمخرجات وتكلفة النظام والوقت المستغرق للنظام ككل والوقت المستغرق لإنهاء كل مرحلة على حده على أساس ذلك كله يتم أخذ قرار بالاستمرار أم لا.

- اسم المرحلة دراسة الجدوى
- الوظيفة الرئيسية:تعريف المشكلة، وتحديد إذا كان هناك نظام جديد مجدي أم لا.
- المخرجات : دراسة جدوى.
- الأدوات الأساسية : أساليب جمع الحقائق، وتقدير المتطلبات.
- الأفراد والمهام : يجب أن يكون المستخدمون مشمولين بصورة مكثفة في العملية.

1. يجمع المحلل المعلومات عن المشكلة.
2. يعد المحلل تقديرات أولية لمتطلبات الحلول الممكنة.
3. يحدد المحلل تقديرات أكثر دقة لمتطلبات مرحلة التحليل التي تلي ذلك.
4. تقرر الإدارة إذا كانت ستستمر في المشروع أم لا.

(3) التحليل(Analysis)

إذا كانت ناتج دراسة الجدوى إيجابية يستمر المشروع بمرحلة التحليل، وتحتوي هذه المرحلة أولاً على دراسة النظام الحالي (إذا كان يوجد مثل هذا النظام) لأنه من الصعب تصميم نظام جديد دون فهم النظام القديم فهماً كاملاً .

- اسم المرحلة التحليل
- الوظيفة الرئيسية : تحديد متطلبات النظام الجديد المقترح.

- المخرجات :مواصفات المشكلة.
- الأدوات الأساسية : أساليب جمع الحقائق، وقاموس البيانات، ورسومات تدفق البيانات، ومواصفات العمليات، ونماذج البيانات، ونماذج النظام، وعمل النماذج الأولية، وخرائط مسار النظام، ورسومات وارنير أور، وكذلك هندسة نظم البرامج بمساعدة الحاسب (CASE)لتنفيذ هذه الأدوات.

الأفراد والمهام : يجب أن يستمر الشمول القوي للمستخدمين:

1. يدرس المحلل، ويوثق النظام الحالي بغرض فهم كلا من نقاط قواه، ونقاط ضعفه.
2. يعد المحلل قائمة متطلبات للنظام الجديد.
3. يرسم المحلل وظائف النظام الجديد دون التحديد الدقيق لكيفية أداء هذه الوظائف.
4. يمكن أن يعد المحلل نموذجاً أولياً للنظام.

(4) التصميم. (Design)

- اسم المرحلة التصميم
- الوظيفة الرئيسية : تصميم نظام جديد يحقق متطلبات المستخدمين، والإدارة.
- المخرجات : مواصفات المشكلة.
- الأدوات الأساسية : قاموس البيانات، ورسومات تدفق البيانات، ومواصفات العمليات، ونماذج البيانات، ونماذج النظام، وعمل النموذج الأولي، وخرائط مسار النظام، ورسومات وارنير أور، وخرائط الهيكل، وخرائط هيبو، وصيغ تصميم المدخلات والمخرجات، وكذلك أدوات هندسة نظم البرامج بمساعدة الحاسب (CASE) لتنفيذ هذه الأدوات.

الأفراد والمهام:

1. يحدد المحلل، ويطلب كل نظم المكونات، ونظم البرامج اللازمة.
2. يحول المحلل الرسومات الوظيفية من مرحلة التحليل إلى رسومات هرمية في مرحلة التصميم.
3. يدخل المحلل معايير الأمن في تصميم النظام.
4. يصمم المحلل السطح البيني للمستخدم بما في ذلك أشكال المدخلات والمخرجات.
5. يحدد المحلل متطلبات العاملين، ويصمم الإجراءات وتدفق العمل.
6. يراجع المستخدمون، والمديرون، والمحلل مواصفات التصميم بالنسبة إلى دقتها، وكمالها.

(5) التشييد. (Construction)

- اسم المرحلة التشييد
- الوظيفة الرئيسية : كتابة برامج الحاسب، واختبارها.
- المخرجات : شفرة برامج، واختباراتها التي يتحقق المستخدمون من صحتها، ومواد توثيق وتدريب المستخدمين.
- الأدوات الأساسية : أدوات البرمجة المختلفة، والحركات المهيكلة خلال، وإجراءات الاختبارات، واختبارات انحدار تلقائية، ومنتجات تطبيقات، ولغات الجيل الرابع، ومنتجات (CASE) المختلفة.

الأفراد والمهام:

1. يخطط المحلل كتابة البرامج، أو النموذج الأولي، واختبارها، وتصحيحها ويشرف عليها.
2. يكتب المبرمجون البرامج الجديدة، ويعدلوا إذا لزم الأمر البرامج المشتراة.
3. يخطط المحلل إجراءات الاختبار.
4. يختبر فريق الاختبار البرامج.
5. يتحقق المستخدمون من صحة عمل النظام كما هو مخطط له.
6. يشرف المحلل على إعداد توثيق المستخدمين، وتدريبهم.

(6) التحويل (Conversion)

- اسم المرحلة التحويل
- الوظيفة الرئيسية : التحويل من النظام القديم (المحوسب، أو اليدوي) إلى النظام الجديد.
- المخرجات : تشغيل النظام الجديد.
- الأدوات الأساسية : برامج تحويل البيانات تلقائياً.

الأفراد والمهام:

1. يخطط المحلل التحويل، ويشرف عليه.
2. يشيد المبرمجون نظم البرامج.
3. يبدأ العاملون في إدخال البيانات الجديدة إلى النظام الجديد.
4. يبدأ عمال التشغيل في استخدام النظام الجديد في تاريخ التحويل إليه.

(7) الصيانة (Maintenance)

في هذه المرحلة يتم إدخال التعديلات على النظام بعد أن يصبح نظام عاملاً وتستهلك هذه المرحلة بمفردها عدداً من ساعات المبرمجين مثل أو أكبر من الست مراحل الأخرى مع بعضها البعض. وتلزم الصيانة لسببين:

1. حالة العيوب في النظام عندما تم تسليمه.
2. الطبيعة المتغيرة ببيئة الأعمال.

- اسم المرحلة الصيانة
- الوظيفة الرئيسية : إصلاح، وتكبير النظام عند الحاجة لذلك.
- المخرجات :نظام مجدد، ويوثق مستخدمين مجدد، وبرامج أجريت لها مراجعات. الأدوات الأساسية : نماذج خطوية تحتوي على قاموس بيانات، ورسومات تدفق البيانات، ومواصفات العمليات، ونماذج البيانات، ونماذج النظام، وخرائط تدفق النظام، ورسومات وارنير أور، وخرائط هيبو، وصيغ تصميم المدخلات والمخرجات، كما تستخدم أيضاً منتجات (CASE)، ومنتجات تطبيقات، ولغات الجيل الرابع.

الأفراد والمهام:

1. يخطر أحد المستخدمين، أو المديرين المحلل بمشكلة، أو تغيير مقترح على النظام.
2. يعد المحلل نموذجاً خطوياً لتقويم تأثير التعديل.
3. تقرر الإدارة، أو مجلس المراقبة إذا كان التغيير سينفذ أم لا.

4. إذا حدثت موافقة على التغيير يقوم المحلل بتعديل توثيق النظام كله ليعكس هـذا التغيير.
5. يقوم المبرمج بتعديل البرامج.
6. يختبر فريق الاختبار البرامج المعدلة.
7. يبدأ العاملون في التشغيل في استخدام النظام المعدل.

الفصل الثاني

نظم المعلومات المحاسبية

نظم المعلومات المحاسبية

ما هو نظام المعلومات المحاسبية؟

- يعرف النظام بأنه وحدتان فأكثر تعمل فيما بينها لتحقيق هدف أو أكثر من هدف.
- وعادتاً ما تتألف الأنظمة من أنظمة فرعية، كلاً منها يعمل على وظيفة معينة داعمة للنظام الأكبر (الشامل).

مكونات نظم المعلومات المحاسبية:

يتكون نظم المعلومات المحاسبية من :

- الأشخاص المديرين للنظام والمؤدين لواجباته المختلفة.
- الخطوات (الإجراءات) النظام اليدوية والآلية.
- البيانات.
- البرمجيات المستخدمة في تشغيل البيانات.
- البنية التحتية لتكنولوجيا المعلومات.

ما هي أهم الأعمال التي يقوم بها نظام المعلومات المحاسبية في المنشأة؟

1- تجميع وتخزين البيانات المتعلقة بالأنشطة والأحداث التجارية للمنشأة.

2- معالجة وتحويل (ترجمة) البيانات إلى معلومات نافعة في اتخاذ القرارات.

3- يزود المنشأة بمراقبة ملائمة لحماية أصولها.

لماذا ندرس نظم المعلومات المحاسبية؟

في نشرة معيار المحاسبة رقم 2 لمجلس معايير المحاسبة المالية (الأمريكي):

- عُرِفت المحاسبة بأنها نظام للمعلومات.
- نَصت على أن الهدف الرئيس للمحاسبة هو التزويد بمعلومات نافعة لمتخذي القرارات.
- أوصت لجنة تغير التعليم المحاسبي أن تزود خطة المحاسبة الطالب بمفاهيم معمقة عن ثلاثة مبادئ جوهرية:
  1. استخدام المعلومات في صنع القرارات.
  2. طبيعة وتصميم واستخدام نظم المعلومات المحاسبية.
  3. إصدار تقارير المعلومات المالية.

لفهم كيف يعمل النظام المحاسبي يجب معرفة:

- كيف تجمع البيانات عن أنشطة المنشأة وأحداثها التجارية.
- كيف يتم تحويل (ترجمة) هذه البيانات إلى معلومات يمكن للإدارة استخدامها في تسيير المنشأة.
- كيفية التأكد من أن هذه المعلومات متوفرة وموثقة (يعتمد عليها) ودقيقة.
- يحتاج المدققون لفهم الأنظمة المستخدمة في إصدار القوائم المالية للمنشأة.
- يحتاج المتخصصون في الضرائب لفهم كافي لنظام المعلومات المحاسبية الخاص بعملائهم، وذلك ليكونوا واثقين من أن المعلومات المستخدمة للتخطيط الضريبي والتزام العمل مكتملة ودقيقة.
- واحدة من أكثر الخدمات الاستشارية نمواً، الالتزام بتصميم واختيار وتطبيق نظم المعلومات المحاسبية الجديدة.

- أشارت احصائية قامت بها منظمة المحاسبين الإداريين، بأن العمل المتعلق بالأنظمة المحاسبية كانت واحدة من أكثر الانشطة اهمية في المزاولة من قبل محاسبي الشركات.

وأن ثاني أهم الأعمال التي يزاولها محاسبي الشركات هي التخطيط الاستراتيجي بعيد المدى.

أهم عشرة أنشطة يؤديها المحاسبين :

1. الأنظمة المحاسبية والتقارير المالية.
2. التخطيط الاستراتيجي بعيد المدى.
3. إدارة الأنشطة المحاسبية والمالية.
4. الاستشارات الداخلية.
5. إعداد الموازنة قصيرة المدى.
6. التحاليل المالية والاقتصادية.
7. تحسين (تطوير) العمليات.
8. الأنظمة والأشطة الحاسوبية.
9. تقييم الأداء.
10. تحليل الربحية من البضائع والزبائن

خصائص المعلومات المحاسبية

لكي تحقق المعلومات المحاسبية الفائدة المرجوة لها من قبل مستخدميها ، فإن هناك مجموعة من الخواص (السمات أو الصفات) التي يجب أن تتسم بها المعلومات المحاسبية، وتتعلق هذه الخواص بمعايير نوعية يمكن من خلالها الحكم على مدى تحقق الفائدة من المعلومات المحاسبية .

وقد قام مجلس معايير المحاسبة المالية (FASB) بإصدار قائمة المفاهيم رقم (2) في سنة 1980 بعنوان الخصائص النوعية للمعلومات المحاسبية Qualitative Characteristic of Accounting Information ، أوضح من خلالها مجموعة من الخواص الرئيسية والفرعية للمعلومات المحاسبية إضافة إلى القيود أو المحددات على إنتاج المعلومات المحاسبية.

وبما أن مستخدمي المعلومات المحاسبية هم في الغالب متخذو القرارات من حيث انهم يعتمدون على المعلومات المحاسبية في مساعدتهم في اتخاذ القرارات المختلفة ، ولكي يكون الحكم عادلاً على المعلومات المحاسبية فإن هناك مجموعة من الصفات التي يجب أن يتسم بها متخذ القرار الذي يقوم باستخدام المعلومات المحاسبية ، ومن هذه الصفات :

1. القدرة على فهم محتوى المعلومات (الإدراك) .
2. القدرة على الاستخدام الصحيح للمعلومات في القرارات المناسبة والملائمة التي أعدت من أجلها تلك المعلومات.
3. الخبرة النوعية والزمنية المتعلقة بالتعامل مع أنواع المعلومات المحاسبية خلال فترة زمنية سابقة.

وعليه فإن استخدام المعلومات المحاسبية يجب أن يتحدد بمتخذ قرار مناسب ومهيأ لذلك الاستخدام ، فمن غير المعقول أن تستخدم المعلومات المحاسبية من قبل شخص لا يفهم الحد الأدنى لما يمكن أن تعبر عنه المعلومات المحاسبية (من حيث المصطلحات المستخدمة أو كيفية نشوء تلك المعلومات .. الخ) ، ومن ثم يتم الحكم على المعلومات المحاسبية من خلال ذلك المستخدم بأنها غير جيدة أو غير مفيدة.

كما يلاحظ أن هناك قيدين (شرطين) رئيسيين يحددان إمكانية القيام بإنتاج المعلومات المحاسبية هما :

1. الجدوى الاقتصادية التي تتحدد من خلال قدرة المعلومات المحاسبية على تحقيق عائد أكبر من تكلفة إنتاجها.
2. الأهمية النسبية للمعلومات المنتجة ومدى قدرتها على التأثير على اتخاذ القرار من قبل شخص معين دون آخر ، مع الأخذ بنظر الاعتبار إمكانية اختلاف ذلك التأثير من شخص إلى آخر ، اعتماداً على نوعية المعلومات ووزنها النسبي ضمن المجموعة التي تنتمي إليها ومدى علاقتها بمعلومات أو قرارات أخرى .. الخ.

ولمناقشة الخواص النوعية للمعلومات المحاسبية ، يمكن تصنيف هذه الخواص من خلال ملاحظة الشكل السابق إلى الخواص الآتية :

أولاً. الخاصية الأساسية

وهي تتعلق بفائدة المعلومات المحاسبية في اتخاذ القراراتUsefulness Decision، وكما أوضحنا سابقاً فإن فائدة المعلومات المحاسبية يمكن أن تتحقق من خلال شرطين أساسين (أو أحدهما على الأقل) هما : المساهمة في

تقليل حالات عدم التأكد لدى متخذ القرار و / أو المساهمة في زيادة درجة المعرفة لدى متخذ القرار.

ثانياً. الخصائص الرئيسية

وهي تتعلق بخاصتين رئيسيتين هما :

(1)الملاءمـــــــــة Relevance

حيث يجب أن تكون المعلومات المحاسبية ملائمة ومناسبة لاستخدامات متخذ القرار، ويمكن تحقيق هذه الخاصية من خلال معرفة مدى استفادة متخذ القرار من المعلومات المحاسبية عندما تساهم تلك المعلومات في تقليل البدائل المتاحة أمامه والمساهمة في تحديد البديل الأمثل الذي يمثل القرار المتخذ :

وعليه يمكن تحقيق خاصية الملاءمة من خلال الآتي :

أ. التوقيت الزمني المناسب Timeliness

أي انه يجب توفير المعلومات المحاسبية في فترة زمنية مناسبة يمكن تحديدها بالفترة الزمنية اللازمة لاتخاذ قرار معين من قبل مستخدمها (متخذ القرار) لكي لا تفقد قيمتها أو قدرتها على التأثير في عملية اتخاذ القرار.

ب. القيمة التنبؤية Predictive Value

أي أن تكون للمعلومات المحاسبية إمكانية تحقيق استفادة منها في اتخاذ القرارات التي لها علاقة بالتنبؤات المستقبلية .

جـ. القيمة الرقابية Feed Back Value

أي أن تكون للمعلومات المحاسبية إمكانية الاستخدام في الرقابة والتقييم من خلال التغذية العكسية Feed Back وتصحيح الأخطاء التي يمكن أن تنتج عن سوء الاستخدام أو عدم الكفاية .. الخ.

(2) الثقـــة Reliability

وهي تتعلق بمدى إمكانية خلق حالة الاطمئنـان لـدى مسـتخدم المعلومـات المحاسـبية (متخذ القرار) لكي تعتمد عليها في اتخاذ قراراته المختلفة .

ويمكن تحقيق هذه الخاصية من خلال الآتي :

آ. صدق التعبير Representational Faithfulness

أي أن تكون المعلومات المحاسبية معبرة عن الأحداث الخاصة بها بصورة سليمة وأمينـة وخالية من أي تلاعب متعمد.

ب. الحياد (عدم التحيز) Neutrality

أي عدم التأثير على عملية الحصول على المعلومات وتهيئتها بصـورة مقصـودة يمكـن أن تساهم في خدمة مستخدم معين دون آخر.

جـ قابلية التحقق Verifiability

أي القدرة على الوصول إلى نفس النتائج من قبل اكثر من شخص ، إذا مـا تـم اسـتخدام نفس الطرق والأساليب التي استخدمت في قيـاس المعلومـات المحاسـبية ، وغالبـاً مـا يسـتخدم مصطلح مرادف للتحقق وهو الموضوعية Objectivity .

ثالثاً. الخصائص الثانوية

وهي تتعلق بالآتي :

(1)الثبات Consistency

وهي تعني الثبات على استخدام نفس الطـرق والأسـاليب المعتمـدة في قيـاس وتوصـيل المعلومات المحاسبية من فترة لأخرى ، وإذا ما دعت الحاجة إلى أي تغيير فيجـب التنويـه عـن ذلك لكي يتم أخذ ذلك بنظر الاعتبار من قبل المستخدم .

(2) قابلية المقارنة Comparability

أي أن يكون للمعلومات المحاسبية القدرة على إجراء المقارنات بين فترة مالية وأخرى لنفس الوحدة الاقتصادية أو المقارنة مع وحدات اقتصادية أخرى ضمن نفس النشاط.

نظم المعلومات المبنية على استخدام الحاسب تتم الرقابة وفقا لنوعين من الضوابط هما:-

أولا:الضوابط العامةGeneral Controls :

وهى عبارة عن بعض إجراءات للرقابة المحاسبية للتشغيل الإلكتروني للبيانات وتنقسم إلى :

(1) معايير التوثيقDocumentation Standard :

وتنقسم إلى ثلاثة أنواع:

(2) إجراءات أمن البيانات Data Security :

تتطلب الرقابة تجهيز الحاسب في اتخاذ كافة الإجراءات لحماية البيانات والملفات والبرامج من الإفصاح الغير مصرح به.

(3) الحماية الوقائية لإمكانيات الكمبيوترProtection of Facilities :

وتتمثل إجراءات الحماية الوقائية في الآتي:

أ- اختيار موقع مأمون لأجهزة الحاسب.

ب- تحديد الموظفين المسموح لهم الاتصال بالكمبيوتر.

جـ- الاهتمام بمكتبة الكمبيوتر.

(4) ضوابط الأجهزة Hardware Controls:

وهى الرقابة على الأجهزة المادية للكمبيوتر مثل دوائر النسخ في الوحدة الحسابية لوحدة التشغيل، ومن أنواع هذه الضوابط:

1. القراءة المزدوجة.
2. اختبار الصدى.
3. مراجعة الصدى.
4. مراجعة التماثل
5. الصيانة الوقائية.
6. نظم القدرة غير قابل للقطع.

(5) تخطيط أمن الكمبيوتر:

وتتمثل عناصر أي خطة لأمن الحاسب في السياسات الخاصة بالرقابة الداخلية وكذلك إجراءات أمن البيانات ونظم الاحتياط.

(6) الاستعدادات الاحتياطية Back Systems and Procedure

وهى خطة احتياطية لمواجهة الكوارث التي تضعف إمكانية الحاسب على العمل ولإمكانية استعادة قدرة وكفاءة تشغيل البيانات بسهولة وبسرعة وقدرة على الأداء في صورة أفضل ، وعند وضع الخطة يجب مراعاة الآتي:

أ- أولويات لعملية الاسترجاع أو استعادة نظام العمل.

ب- الترتيب بما يسمح باستخدام الحاسب في حالة الطوارئ.

جـ- الاحتفاظ أو تخزين نسخ مكررة واحتياطية للملفات.

ثانيا: ضوابط التطبيقApplication Controls:

وهى ضوابط تتعلق بوظائف التشغيل المحددة والتي يتم انجازها من خلال إمكانيات الكمبيوتر ويمكن تحديد أهداف ضوابط التطبيق في الآتي:

1. دقة مخرجات النظام.

2. ملفات البيانات.

3. سجلات المعادلات.

ويمكن توضيح أنواع ضوابط التطبيق في الآتي:

(1) مجاميع الدفعاتBatch Totals

وتعتبر ضرورية لتشغيل الدفعات بالحاسب حيث أن هذه المجاميع قد تم حسابها يدويا قبل إدخال البيانات إلى الحاسب وتنقسم إلى ثلاثة أنواع من المجاميع هي:

أ. المجاميع المالية Financial Control Total

وهي عبارة عن المجموع المالي لحقل معين من مجموع السجلات مثل : مجموع المتحصلات النقدية.

ب. المجميع الوهميةHash Total

وهى مجاميع متولدة من حقل لا يكون له دلالة معينة ويعتبر المجموع كوسيلة رقابية على عملية يتم معالجاها مثل: مجموع أرقام الحسابات في ملفات العملاء أو مجموع فواتير الشراء أو البيع عدد السجلات (Record - Count) وهو يمثل مجموع رقم المستندات في عملية المعالجة أو السجلات المشغلة.

(2) ضوابط على مصادر البياناتSource data Controls

وهى عبارة عن عدد من الاختبارات لمدى دقة واكتمال مدخلات الكمبيوتر قبل عملية المعالجة ويمكن توضيح أنواع هذه الضوابط في الآتي:

مفتاح التحقق:-

يتم استخدامه من مفتاح إلى شريط مكود ويعتبر مفتاح إدخال البيانات المشغلة للكمبيوتر.

اختبار التحقق- الرقمي:

يجرى عمله بواسطة أي وسيلة لإدخال البيانات وتشمل نقل البيانات من قرص إلى شريط لنهاية الطرفية:-

في هذا الاختيار نجد أن كل الأرقام أو الأعداد المصرح بها تشمل رقم الفائض (الزائد) يطلق عليه رقم الاختبار أو الفحص.

(3) برامج تحقيق المدخلاتInput Validation :

وتعرف باسم برامج التنقيح أو التعديل وتشمل برامج يتم من خلالها استخدام الكمبيوتر في فحص صلاحية ودقة البيانات ومن أنواعها:

1. اختبار التتابع: للتأكد من أن بيانات المدخلات المتتالية مرتبة تاريخيا أو حسب الحرف الأبجدي.
2. اختبار الحقل: للتأكد من أن الحقل يحتوى على أرقام عديدة وحروف أبجدية معا.
3. اختبار الإشارة(العلاقة): التأكد من أرقام حسابات العملاء موجبة.
4. اختبار التحقق(الصلاحية): للتأكد من صحة الرموز ، ذ=ذكر ، ث=أنثى.

5. اختبار تحقيق الرقم (صحة الرقم).

6. اختبار الحدود: وهو اختبار مصمم للتأكد من أن المبالغ العديدة الموجودة بالسجل لا يتجاوز الحدود المحددة سبقا.

7. اختبار المنطقية(المعقولية): ويستخدم لوجود العلاقة المنطقية بين أجزاء أو حقول من السجل.

(4)الضوابط على التوصيل المباشر للبياناتOnline Access Controls:

في نظم التشغيل الحديثة للبيانات يتم التوصل إليها من خلال النهايات الطرفية ومن أشكالها الشائعة الاستخدام هي نظم كود المستخدم وكلمات السر، ومن هذا النظام لا يمكن التوصيل المباشر للنظام إلا من خلال الأشخاص المصرح لهم أو المسموح لهم باستخدام النهايات الطرفية.

(5) الرقابة على الأخطاء أو التجاوزات أو الاستثناءاتControl of Errors and Exceptions:

وهي تعد من العناصر الهامة تلك الإجراءات اللازمة للتحري عن الأخطاء والتصحيح وذلك عن طريق برامج التعديل أو لاختبارات المبرمجة ، اختبار المجموع والدفعات والضوابط الأخرى على مصدر البيانات.

(6) ضوابط على الإدخال المباشر للبياناتOnline data Entry Controls:

ويشتمل هذا النوع على دقة وتكامل المدخلات من البيانات المتعلقة بالنظام من خلال النهاية الطرفية للاتصال المباشر للبيانات.

(7) ضوابط أخرى مبرمجةOther Programmed Controls:

هناك ضوابط أخرى تستخدم في تطبيقات البرامج وتظهر في:

1- إجراءات التدقيق الزائد:

وهى برامج مبرمجة للتعامل من النتائج الحسابية التي تتجاوز إمكانيات التخزين الرقمي للكمبيوتر وغالبا يحدث مع الأعداد الكبيرة غير العادية.

2- إجراءات استعادة التشغيل:

أحد هذه الإجراءات هو اتخاذ أو القيام بمجموع من نقاط الفحص أو الاختبار على فترات دورية أثناء تشغيل البرامج.

مما سبق نجد أن الضوابط الرقابية سواء العامة أو التطبيقية في مجموعها تشمل على ضوابط الرقابة لعمليات الحاسب الآتية:

1. ضوابط على المدخلات.
2. ضوابط على التشغيل.
3. ضوابط على المخرجات.

أ- إجراءات النظام:

تمثل مجموعة إجراءات النظام الوصف الكامل لمجموعة الخطوات والتعليمات المحددة لانجاز عمليات النظام.

ويوجد العديد من التعاريف الهامة للإجراءات وتتمثل في:

1. الموضوع: هو الفكرة الرئيسية أو النقطة الأساسية في الإجراءات.
2. المجال: وهو المدى أو المنطقية التي ستشملها الإجراءات.
3. المراجع: وهي عناوين أية وثائق تحكم أو يعتمد عليها في الإجراءات.
4. الأهداف :وتمثل مجموعة الأهداف التي يتم انجازها بالإجراءات.
5. السياسة: وتتمثل في التوجيهات الإدارية لتنفيذ الأهداف.

ويرى البعض مفهوم الإجراءات كما يلي:

تسمى البرنامج وتوجد مسجلة غالبا على شرائط ممغنطة ويتم تنفيذها على البيانات بصورة منطقية ومسلسلة ويشرف على عملية تنفيذها وحدة التشغيل المركزية دون الحاجة إلى الإشراف الشخصي، وغالبا تكون هذه الإجراءات في تفاصيل دقيقة ومكتوبة في كتيب يسمى " دليل الإجراءات "ويجب تنظيم هذه الإجراءات بطريقة مفهومة ومرنة لكي يسهل تعديله عند الطلب ومن أهم المزايا للإجراءات المكتوبة ما يلي:

1. تقوية وتعزيز الاهتمام بالنظام.
2. توحيد أسس العمل طبقا للمعايير القياسية.
3. سهولة الإشراف والرقابة على الأعمال.
4. يعتبر أساسً لتدريب العاملين على خطوات تنفيذ النظام.
5. تحديد دور ومسؤولية كل فرد طبقا للعمل المكلف بتأديته.
6. سهولة تطوير الإجراءات وخصوصا في مجال التصميم المرن للدليل.
7. استمرار العمل وعدم توقفه في حالة تغيب العاملين أو تركهم العمل.

المبادئ التي يجب مراعاتها عند تصميم الإجراءات:

1. يجب ألا نغفل الاعتبارات الإنسانية عند تصميم الإجراءات والمهام يجب أن تكون غير مملة.
2. يجب مراعاة المهارات المطلوبة بكل إجراء يتم التغير عنها وإذا كان التفويض الخاص مطلوبا يتم توضيح ذلك أيضا.

3. يجب تحديد حدود ونطاق العمل لكل الموظف ومسؤولياته يجب تحديدها جيدا ويجب بناء القواعد الجيدة التي تسمح بمرونة الإجراءات ويجب توضيح الأولويات.

4. الإجراءات يجب أن تكون قابلة للقياس كلما أمكن ذلك.

5. الإجراءات المتشابهة ، لها فقط تعديلات سطحية لتلاءم ظروف خاصة قد تؤدى بواسطة أشخاص آخرين.

6. الإجراءات يجب أن تسمح بالتغذية المرتدة والتقويم ويجب الاحتفاظ بإحصاءات تكرار الأخطاء بواسطة نوع الخطأ بحيث أن تكون المعلومات متاحة من اجل تقويم الإجراءات.

وانه كلما كانت الإجراءات دقيقة ومفصلة طبقا لمسار محدد كلما كانت أفضل وأدت إلى نتائج سليمة لتحقيق وتنفيذ الأهداف الموضوعة للنظام.

ب- تقييم كفاءة وفاعلية نظم المعلومات:

لا يقتصر نظام المعلومات المحاسبية في توفير المعلومات الأزمة لمتخذي القرارات، ولا يمكن الحكم على كفاءة النظام وفاعليته إلا من خلال معايير توضح ذلك وهما معياران هما:

1. معيار الكفاءة Efficiency: وهذه الكفاءة تتحد في العلاقة بين مدخلات النظام ومخرجاته ، ومدى ارتباطها ببعضها البعض وكيفية التحكم فيهما.

2. معيار الفاعلية Effectiveness:والفاعلية تتحقق فيما أو حقق النظام أهدافه العامة التي وضع من اجلها.

ومعيار الكفاءة يتم تحديده بين عناصر نظم المعلومات وهى:

1. مدخلات النظام.
2. عمليات التشغيل.
3. مخرجات النظام.

وان مدى علاقة العناصر الثلاثة ببعضها تؤثر على كفاءة النظام فلا بد أن تكون طريقة تجميع البيانات كمدخلات تتم بطريقة سليمة ودقيقة مما تؤثر على المخرجات ، أما عمليات تشغيل البيانات فهذه المرحلة تؤثر في كفاءة النظام من خلال أسلوب التشغيل.

ولا بد أن يكون هناك تكامل بين وظائف معالجة المعلومات حيث انه يهدف التكامل بين وظائف معالجة المعلومات إلى الارتفاع بكفاءة النظام من خلال:

1. توحيد مصادر البيانات.
2. توحيد قواعد البيانات.
3. تدعيم التطبيقات الجاري استخدامها.
4. الاستخدام المشترك للموارد.
5. نظام المعلومات الإدارية كنظام يجمع بين الإنسان والأدلة.

وتعتمد كفاءة النظام على تكامل النظم الفرعية لتحقيق نجاح النظام ، وترتبط فاعلية النظام بمدى تحقيق النظام لأهدافه العامة.

ويكون النظام فعالا من خلال خصائص فاعلية النظام وهى:

1. مواءمة نظام المعلومات المحاسبية للبيئة التي تعمل فيها المنشاة والقيود التي تواجه إدارة هذه المنشاة.

2. تكامل نظام المعلومات المحاسبية مع غيره من النظم الفرعية وذلك من خلال وجود وحدات مركزية خاصة:

- باستخلاص مدخلات البيانات.
- بتشغيل البيانات.
- بإعداد مخرجات المعلومات.

3. مفاضلة النظام بين الأغراض المختلفة لتوليد المعلومات من ناحية:

- الوقت: فالمعلومات المطلوبة للتخطيط وتكوين السياسات تأخذ في الاعتبار الاتجاهات طويلة الأجل على خلاف معلومات الرقابة التي يجب أن تتدفق على فترات قصيرة.
- التنظيم: حيث أن وظيفة الرقابة ترتكز على خطوط محددة للسلطة والمسئولية بالشكل الذي يعكس السلطات والوظائف الفردية في حين أن مهام وظيفة التخطيط لا تتبع خطوات التنظيم.

4. مراعاة التنظيم لمجموعة التغيرات السلوكية التي تحكم العنصر البشري يعتبر جزءا أساسياً من النظام. وذلك على أساس أن تدفق البيانات والمعلومات تتأثر بالآتي:

- بقرارات الأفراد أعضاء الهيكل التنظيمي.
- برغبة كل فرد الشعور بأهميته داخل التنظيم.
- بالبواعث الشخصية التي قد تتفق أو قد تتعارض مع أهداف التنظيم.
- برغبة كل فرد من أن يعامل بصفة فردية وليس كجزء مادي من النظام.

5. ارتكاز النظام على الأسلوب العلمي من خلال استخدام النماذج الرياضية التي تساعد على توفير المعلومات الدقيقة للإدارة في مجال التنبؤ والمفاضلة بين البدائل والرقابة.

6. مرونة نظام المعلومات المحاسبية فالنظام يجب أن يستجيب للتغيرات التي تطرأ على الهيكل التنظيمي أو البيئة الاقتصادية المحيطة بالمنشاة أو المحيط التنافسي.

7. استجابة النظام لمطلب المعلومات بصفة مستمرة من خلال توليد المعلومات وقت الحاجة إليها كنتيجة لوجود بنك المعلومات يحتفظ بالبيانات أو لمعلومات إلى حين الحاجة إليها على أن يتم تحديث هذه البيانات بصفة مستمرة طبقا للتغير في الظروف المحيطة للنظام.

مراحل تطور نظم المعلومات المحاسبية

أن تطوير نظم المعلومات المحاسبية الأساسية تشمل خمس مراحل، هي:

1- التخطيط.

2- التحليل.

3- التصميم.

4- التنفيذ.

5- الدعم.

الفترة الزمنية المرتبطة بكل من هذه المراحل يمكن أن تكون قصيرة بقدر بضعة أسابيع أو ما دام عدة سنوات.

التخطيط(1):

اساليب وأهداف وتخطيط المشروع: يعتبر تخطيط المشروع المرحلة الاولى من تطوير الانظمة وتحسينها وهذا الامر يتطلب تحديد نطاق المشروع وأهدافه و التعريف بمسؤوليات المشروع ايضا ومتطلبات التحكم واطوار المشروع وميزانيته بالاضافة الى المشاريع المقرر انجازها.

التحليل(2):

تستخدم مرحلة التحليل لتحديد وتوثيق عمليات العمل والمحاسبة التي تستخدم من قبل المؤسسة او الشركة ومن المتعارف عليه ان مثل هذه العمليات يعاد تصميمها للاستفادة من افضل الممارسات او للاستفادة من ميزات حلول النظام الحديثة .

ان تحليل البيانات هو عرض دقيق للمعلومات المحاسبية التي تجمع حاليا من قبل المؤسسة المعنية وبعد ذلك يتم المقارنة بين البيانات الحالية والبيانات التي يجب على المؤسسة استخدامها في النواحي الادارية فهذه الطريقة تستخدم خصوصا انظمة معالجة صفقات المحاسبة .

ان تحليل القرار يعتبر ايضا بمثابة عرض دقيق للقرارات التي هي من مسؤوليات المدير نفسه. تحدد القرارات الأساسية التي هي من مسؤوليات المدير على أساس فردي وبعد ذلك يتم ايجاد النماذج لمساعدة المدير في جمع المعلومات المالية المرتبطة لتطوير وتصميم البدائل ولعمل خيارات فعالة ومن هنا يمكن لنا القول ان هذه الطريقة فعالة عندما يكون دعم القرار هو هدف النظام الأساسي.

واضافة الى ما سبق يعتبر تحليل العملية عرض دقيق لعمليات العمل الخاصة بالمؤسسة .فتحدد وتقسم العمليات المؤسسية الى سلسلة من الاحداث التي تضيف او

تغير البيانات . وبعد ذلك يمكن لهذه العمليات ان تعدل او يعاد تصميمها لتحسين عمليات المؤسسة بما يخص التكلفة المنخفضة و الخدمات والنوعية المحسنة او معلومات الادارة المحسنة . وتعتبر هذه الطريقة مناسبة عندما تكون الأتمتة او اعادة لتشكيل هي الاهداف الرئسية للنظام.

3-التصميم :

تأخذ مرحلة التصميم نتائج مفاهمية لمرحلة التحليل وتطور في الوقت نفسه التصاميم المحددة التي تطبق في المراحل اللاحقة . فهذه المرحلة تحوي التصميم المفصل لكل المدخلات والمعالجة و التخزين بالاضافة الى مخرجات النظام المحاسبية المقترحة . وفي الصعيد نفسه يمكن تحديد المدخلات باستخدام أدوات عرض الشاشة ومولدات التطبيق. اما فيما يخص المعالجة فيمكن عرضها عن طريق استخدام الرسوم البيانية او خرائط معالجة العمل التي تحدد منطق النظام والعمليات ومسار العمل و ان تصاميم تخزين البيانات المنطقية تحدد من خلال توضيح العلاقات التي تنشى بين مصادر المؤسسة والاحداث والوكلاء من خلال الرسوم التوضيحية .

وعلاوة على ذلك فأن نماذج الرسوم البيانية للوحدة في العلاقة يستخدم لتوثيق علاقات قواعد البيانات ذوات المقياس العالي . يتم توثيق تصاميم المخرجات من خلال استخدام تنوع الادوات مثل كتاب التقرير وادوات تقليص البيانات وادوات الاستعلام وادوات المعالجة التحليل الالكترونية واضافة الى ذلك انه من الممكن اداء كل نواحي مرحلة التصميم من قبل مجموعة ادوات الالكترونية التي تزودها المصنعين لهذه الادوات .

يعتبر التقرير القوة الدافعة خلف تطوير انظمة المعلومات المحاسبية . فإذا تحليل وتصميم النظام تمن بنجاح فأن عمليات التقرير تقوم بتزويد بالمعلومات التي تساعد

على ادارة عملية صنع القرار فيمكن لأنظمة المعلومات ان تستخدم التنوع في التقارير المجدولة فهذه التقارير يمكن ان تكون ضمن جداول او من خلال صور لإيصال المعلومات من خلال صور او مصفوفات لبيان العلاقات المعقدة في الابعاد المتعددة.

يوجد ميزات كثيرة مهمة يجب اخذها بعين الاعتبار عند تحديد متطلبات التقرير . فعلى سبيل المثال يجب ان تكون التقارير سهلة الوصول اليها من خلال وصلة النظام . وايضا يجب على التقارير ان توصل المعلومات بطريقة استباقية. واضافة الى ما ذكر يجب ان يكونوا متعلقات ودقيقات واخيرا يجب على التقارير مواجهة اسلوب الجمهور الادراكي والذي يعالج المعلومات والذي في نفس الوقت يجب ان يبلغ عنه من قبل الجمهور نفسه.

تقسم التفارير الى ثلاثة انواع رئيسية : 1- تقرير الإفراز الذي يفصل بين البيانات المختاره من قاعدة البيانات مثل تسجيل الفحص الشهري, 2- تقرير المسؤولية لمواجهة احتياجات المستخدم المحددة مثل تقرير المبيعات الاسبوعي بما يخص مدير المبيعات الاقليمي , 3- التقرير المقارن لبيان اختلافات المدة وانخفاضات النسبة المئوية والتنوع بين الانفاق الميزانية والحقيقي. تحليل القيد المالي يعتبر مثال على هذا النوع حيث ان هذا التنوع يبين النفقات من العام الحالي وسنة الاولوية كنسبة مئوية للمبيعات.

تشكل تصاميم العرض ووصلات النظام البيانات الرئيسية التي تمسك أدوات انظمة المعلومات المحاسبية والتي تتطور من خلال تنوع الأدوات . يحقق التخزين من خلال استخدام قواعد البيانات الاعتيادية التي تتأكد من المرونة والقابلية للعمل .

تستخدم الرسوم التوضيحية وخرائط معالجة العمل لتوثيق عمليات الأنظمة .
انظمة المعلومات المحاسبية الحديثة تستخدم قواعد البيانات المخصصة والمعالجة التي تصمم تحديدا للعمليات المحاسبية . وهذا يعني ان الكثير من قدرات معالجة القاعدة تأتي موصولة مع المشاريع المبرمجة المحاسبية

(4) التطبيق :

تتألف مرحلة التطبيق من جزئين رئيسين : البناء والانجاز. فيشمل البناء اختيار المعدات والبرامج والبائعين لتنفيذ وبناء واختبار شبكة نظم الاتصالات وبناء واختبار قواعد البيانات و كتابة واختبار تعديلات البرنامج الجديدة و وتركيب واختبار النظام بأكمله من وجهة نظر تقنيه.ومن ناحية اخرى يعتبر الانجاز عملية اجراء اختبار القبول للمستخدم والنظام النهائي و اعداد خطة للتحويل و تراكيب قاعدة الإنتاج وتدريب المستخدمين و تحويل كافة العمليات الى نظام جديد .

تشكل مجموعات الاداة مجموعة متنوعة مساعدات تطوير التطبيقات التي تتميز بكونها محددة من قبل البائع وتستخدم لتخصيص النظم التسليميه. وبالاضافة الى انها تتيح اضافة الحقول والجداول الى قاعدة البيانات ، علاوة على القدرة على ايجاد تصور ووصلات اخرى لجمع البيانات. وبالاضافة الى ذلك ، فهذه المجموعات تساعد في تحديد مستويات الامن وامكانيه الوصول لضوابط داخلية كافية ضمن التطبيقات المحاسبيه.

يوجد الأمن في اشكال عديدة: فالأمن المادي الخاص بالنظام لا بد من توجيه. ففي متطلبات نظم المعلومات المحاسبية النمطية فهي توجد في غرفة مقفله مع امكانية الوصول من قبل التقنيين فقط . ان برامج التحكم في الوصول هي عبارة عن مجموعة في عدة مستويات تبعا لحجم نظم المعلومات المحاسبية . فبما يخص المستوى

الأول من الامن فأنه يحدث في مستوى الشبكه التي تحافظ على نظم الاتصالات الخاصة بالمؤسسة .واما فيما يخص المستوى الثاني فهو مستوى الامن لنظام التشغيل الذي يحمي البيئة الحاسوبيه. وبعد ذلك ، يأتي امن قاعدة بيانات المتمكن لحمايه البيانات من السرقه والفساد واية اشكال اخرى من صور الضرر. واخيرا ، يستخدم امن التطبيق لابقاء الاشخاص غير المرخص لهم من أداء العمليات ضمن نظم المعلومات المحاسبية.

يتم الاختبار في المستويات الاربعة . اختبار الوحدة الذي يستخدم لضمان التشغيل السليم لتعديلات الفردية. ويشمل برنامج اختبار التفاعل بين تعديل الفرد والبرنامج الذي يريده الفرد لأثراه. ومن ناحية اخرى اختبار النظام المستخدم لتحديد اذا ان تعديلات البرنامج تعمل في اطار المحاسبه ونظم المعلومات ككل. وثم يأتي اختبار القبول الذي يكفل ان التعديلات تلبي توقعات المستخدمين وان نظم المعلومات المحاسبية تعمل على النحو المصمم.

ينطوي التحويل على الطريقة المستخدمة لتغيير نظم المعلومات المحاسبيه القديمة الى نظم معلومات محاسبية جديدة . وهناك عدة اساليب لتحقيق هذا الهدف. فواحد منهن هو تشغيل النظامين الجديد والقديم بالتساوي لفترة محددة. اما الطريقة الثانية هي الانتقال المباشر الى النظام الجديد في نقطة محددة.واما الطريقة الثالثة فهي للانتقال في النظام اما عن طريق موقع او وظيفة النظام.واما فيما يتعلق بالطريقة الرابعة فهي إرشاد الى النظام الجديد في موقع معين قبل تحويل ما تبقى من المؤسسة .

(5) الدعم:

ان مرحلة الدعم لها هدفين: الاول تحديث وصيانة نظم المعلومات المحاسبية. وهذا يشمل على اصلاح المشاكل وتحديث نظام للأعمال التجارية والتغيرات

البيئيه. فعلى سبيل المثال ، ان التغييرات في مبادئ المحاسبه المقبولة عموما او قوانين الضرائب قد يجعل من الضروري ادخال تغييرات على التحويل أو الجداول المرجعيه المستخدمة لاعداد التقارير المالية. واما فيما يتعلق بالهدف الثاني فهو مواصلة التنمية عن طريق مواصلة تحسين الأعمال التجارية من خلال ادخال تعديلات على نظام المعلومات المحاسبيه التي تسببها الأعمال التجارية والتغيرات البيئيه. فهذه التغييرات قد تؤدي الى مشاكل في المستقبل وفرص جديدة او توجيهات ادارية او حكوميه التي تتطلب المزيد من منظومة ادخال تعديلات عليها.

(6) الشهادة :

تغير نظم المعلومات المحاسبيه الضوابط الداخلية للطريقة المطبقة ونوع من انواع مراجعة الحسابات التي توجد ضمن المؤسسة الحديثة. ان عدم وجود أدلة شرعية تقليديه ، مثل ورقة تستوجب اشراك المحاسبين المهنيين في تصميم نظم من هذا القبيل. ان اشراك الدوري لشركات مراجعة الحسابات العامة يمكن استخدامها للتأكد من نظم المعلومات المحاسبية في الامتثال للمراقبة الداخلية الحالية ومعايير التقرير المالي. وبعد التنفيذ(التطبيق) ، فإن التركيز هو شهادة للاستعراض والتحقق من نظام التشغيل. وهذا يتطلب الالتزام بالمعايير مثل المنظمه الدولية للتوحيد القياسي (ايزو) 9000-3 لتصميم البرمجيات والتنمية ، فضلا عن المعايير من اجل السيطرة على تكنولوجيا المعلومات.

الفصل الثالث

هيكل النظم المحاسبي

هيكل النظام المحاسبي

المقصود بهيكل النظام المحاسبي " System Structure " :

مجموعة الترتيبات المحاسبية التي تشكل البناء الأساسي أو الإطار العام الذي تحدث بداخله عمليات تحويل البيانات المعنية التي هي تقارير المعلومات أو القوائم المطلوبة . هذه الترتيبات أو العنصر ، و التي تشمل بصفة أساسية على ما يلي:

- الدليل المحاسبي.
- المجموعة المستندية.
- المجموعة الدفترية.

و يلاحظ أنه بينما تشترك كل من نظم المحاسبة المالية و محاسبة التكاليف الفعلية و محاسبة المسؤوليات في حقيقة ان هياكلها الأساسية يجب أن تحتوي على هذه العناصر الثلاثة مجتمعة إلا أن هذه الأنظمة تختلف فيما بينما اختلافات جذرية بشأن مضمون كل عنصر تلك العناصر.

(1) دليل المحاسبي:

الدليل المحاسبة هو خريطة تصف الخطوط العامة التي تجري على أساسها عملية تمييز وحصر و تجميع البيانات المحاسبية المناسبة لغرض القياس في ظل المعالجة اليدوية التقليدية ، ويستقبل كل نظام محاسبي بالدليل أو الأدلة المناسبة بتحقيق أغراضه.

فنظام المحاسبة المالية يعتمد في الأساس على دليل واحد هو دليل الحسابات المالية . هذه الدليل ما هو إلا خريطة تتضمن أسماء مختلف الحسابات الإجمالية و الفرعية التي تتضمنها قائمتي الدخل و المركز المالي مع ترتيب هذه الحسابات في مجموعات متجانسة و مرقمه بشكل يوضح العلاقات القائمة بينها كما يحتوي هذه

الدليل على شرح موجز لطبيعة كل حساب و القواعد التي تحكم القيود التي تسجل فيه.

أما في نظام محاسبة التكاليف فأن غرض قياس و ضبط التكلفة الفعلية لوحدة المنتج يقتضي استخدام مجموعة من الأدلة المتخصصة نذكر منها:

- دليل عناصر التكاليف. " Cost- Elements Chart " .
- دليل مراكز التكلفة. " Cost-Centers Chart " .
- دليل وحدات التكلفة. " Cost-Units Chart " .
- دليل حسابات التكاليف." Cost-Accounts Chart " .

و بالمثل فأن نظام محاسبة المسؤوليات يستلزم تصميم أدلة مختلفة مثل دليل مراكز المسؤولية ، سواءٍ كانت مراكز تكلفة ، أو مراكز ربحية ، أو مراكز استثمار ، ودليل عناصر التكاليف القابلة و غير القابلة للتحكم على مستوي المراكز المختلفة.

الأثر على الدليل المحاسبي:

هذا و يمكن تلخيص أثار التشغيل الإلكتروني على الدليل المحاسبي كعنصر من عناصر هياكل الأنظمة المحاسبية فيما يلي.

أ - ازدياد أهمية الدليل المحاسبي:

فالدليل الحاسبي بوجه خاص يعتبر من الضروريات الأساسية لنجاح تصميم نظم التشغيل إلكتروني للبيانات المحاسبية. ذلك أن كل دليل يحتوي على خطة منظمة لترقيم المفردات التي يحتوي عليها، سواء كانت هذه المفردات حسابات مالية أو عناصر تكاليف أو مراكز تكلفة أو مراكز مسؤولية . هذه الأرقام ذاتها تمثل الأكواد

التي يستخدمها مخطط البرنامج في تصميم عمليات الإدخال و التسجيل و البحث والاسترجاع و المعالجة التي يتضمنا البرامج التطبيقية.

وبدون هذه الأرقام الكودية تصبح العمليات السابقة بطيئة ، ومعرضة للكثير من الأخطاء ، كما تصبح أحجام ملفات البيانات متضخمة ، و تشكل عبئا على الذاكرة أثناء التشغيل.

ب - التكامل بين الأدلة المختلفة:

في ظل أنظمة المعالجة اليدوية ، يتم تقسيم المفردات التي يحتوي عليها دليل كل نظام إلى مجموعات رئيسية و مجموعات فرعية و بنود وأنواع ... الخ ، بحيث تعكس هذه المجموعات العناصر الرئيسية التي تحتوي عليها القوائم التي ينتجها هذا النظام. أما في ظل أنظمة التشغيل الإلكترونية للبيانات المحاسبية ، فأن خطة ترقيم و تكويد الحسابات المختلفة تقوم بالضرورة على مبدأ التكامل بين أنظمة القياس المختلفة . هذا المبدأ يقتضي بأن يتم تكويد على بند من البنود برقم كودي واحد ، على أن يعكس هذا الرقم علاقة هذا البند بكافة أنظمة القياس المستخدمة.

على سبيل المثال ، فأنه الرقم الكودي الذي يعطي لأي بند من بنود الانفاق يجب أن يعكس هذه علاقة هذا البند بكل من:

- الحساب المالي الذي يحمل عليه لإغراض المحاسبة المالية.
- مركز التكلفة الذي يوجه إليه لإغراض التتبع و التحميل اللازم لقياس التكلفة الفعلية لوحدات النشاط.
- مركز المسؤولية الذي يرتبط به لأغراض رقابة و تقييم الأداء الوظيفي للمسؤول عن هذا المركز.

هذا وتجدر الإشارة إلى أن القياس في مراكز المسؤولية فيعمل على تحديد التكلفة القابلة للتحكم بمعرفة المسؤول عن هذا المركز . في مراكز التكلفة يستهدف تحديد التكلفة الاقتصادية للوحدة المنتجة سواءٍ كانت قابلة أو غير قابلة للتحكم بمعرفة المسؤول عن المركز.

وإذا كانت الأدلة المحاسبية ضرورية لأنظمة المعالجة اليدوية للبيانات المحاسبية ، فأنها تعتبر أكثر من ضرورية بالنسبة لنظام التشغيل الإلكتروني لتلك البيانات . أنها تعتبر ركيزة أساسية تتوقف عليها الطريقة التي يعمل بها هذا النظام ، وتتحكم في مدي نجاحه في إنتاج المعلومات المختلفة للأغراض المختلفة.

(2) المجموعة المستندية:

المستندات " Source Documents " هي سند القيد في المحاسبة وبرهان قانونيته و صحته . ثم أنها ضرورة محاسبية لتحقيق مبدأ من أهم المبادئ المقبولة قبولا عاما في المحاسبة المالية ، هو مبدأ الموضوعية وقابلية البيانات للتحقيق و المراجعة.

في المحاسبة المالية ، تتعلق معظم المستندات بإثبات نشأة الإنفاق أو الالتزام بأنفاق . ويتكون الجانب الأعظم منها من مستندات تنشأ خارج الوحدة المحاسبية . ولا تستخدم المستندات الداخلية إلا في الأحوال التي يتعذر فيها الحصول على مستند خارجي مؤيد للعملية.

أما في المحاسبة الإدارية ، فأن الكثير من المستندات و النماذج و الكشوف التحليلية يتم أعدادها داخليا في الأغلب الأعم . على سبيل المثال:

في نظام محاسبية التكاليف الفعلية ، تتواجد المستندات و الكشوف الداخلية التالية بالنسبة لعنصر واحد فقط من عناصر التكاليف و هو عنصر المواد:

- أذن استلام مواد.

- أذن صرف مواد.
- أذن ارتجاع مواد.
- أذن تحويل مواد.
- كشف حصر المواد المباشرة.
- كشوف تحويل المواد غير المباشرة.
- بطاقة الصنف أو العين.
- صفحة الصنف بدفتر أستاذ مراقبة المخازن.
- محاضرة الجرد ألف على المستمر.

مثل هذه النماذج و المستندات تعمل على حصر عناصر التكاليف و تيسير عملية تتبع مسارها داخل الواحدة ، كما تعمل في الوقت ذاته كأداة فعالة لتحقيق أغراض الضبط الداخلي والرقابة على تلك العناصر.

الأثر على المجموعة المستندية:

ويمكن القول بأن تأثير التشغيل الإلكتروني على المجموعة المستندية ينصب بالدرجة الأولى على طريقة تصميم المستند و وسيلة استيفائه ، وليس بالضرورة على مضمون هذه المستند أو محتوياته أو دورته المستندية حتى نقطة اعتماده كدليل مؤيد لحدوث العملية . إذ يتم إعداد كل مستند داخل الإدارة المختصة كالمعتاد ، وذلك طبقا للقواعد و السياسات و الأجراءات التي يتضمنها نظام الضبط الداخلي المتبع.

و مع ذلك فأن الحاجة إلى إعطاء أكود خاصة إلى بعض البيانات غير الرقمية التي يحتوي عليها كل مستند من مستندات القيد الأولى المعدة للإدخال على الحاسب يتطلب اتباع أحد بديلين:

أ - استخدام نموذج إدخال خاص: " Input Form "

هذا النموذج يرفق بكل مستند ، و تنقل إليه البيانات الواردة بالمستند الأصلي ولكن بعد تحويلها إلى الاكواد المناسبة بمعرفة قسم تجهيز البيانات . و يتبع هذا الأسلوب بوجه خاص في حالة المستندات الخارجية ، كما يفضل استخدامه في ظل طريقة الإدخال للدفعة " Batch Input "، حيث يتواجد فاصل زمني بين نقطة إنشاء المستند وبين تاريخ الإدخال إلى قاعدة البيانات الإلكترونية، و هو ما يسمح بتخصيص موظف مستقل بقسم تجهيز البيانات يكون مسؤولاً عن القيام بعملية التكويد و استيفاء نماذج الإدخال المرفقة بكل حزمة او دفعة مستندات.

ب - تعديل شكل المستند: " Document Redesign "

فيتم إعادة تخطيط شكل المستند وتعديل طريقة تصميمه بحيث يحتوي على خانات إضافية يمكن أن يدرج به الكود المناسب لكل بيان من البيانات الواردة و القابلة للتكويد . و بالطبع لا يمكن إتباع هذا الأسلوب إلا في حالة المستندات الداخلية ، لان المنشأة لا يمكنها التحكم في تصميم المستندات الخارجية . كما يفضل أتباع هذا الأسلوب بصفة خاصة في ظل طريقة الإدخال الفوري" On-Line Input ".

(3) المجموعة الدفترية:

لاشك أن أكثر عناصر هياكل النظم المحاسبية تأثراً بالتشغيل الإلكتروني للبيانات هو المجموعة الدفترية ، أي مجموعة الدفاتر و السجلات المخصصة للأغراض تسجيل البيانات ، وفقاً لاحتياجات كل نظام محاسبي على حده.

على سبيل المثال ، تشتمل المجموعة الدفترية في ظل نظام المحاسبة المالية ، على السجلات المحاسبية و التحليلية التالية:

- دفتر اليومية العامة.
- دفاتر اليوميات المساعدة ، مثل دفتر يومية الخزينة ، و دفتر يومية المشتريات الاجلة ، و دفتر يومية المصروفات النثرية... الخ.
- دفاتر الأستاذ المساعد ، مثل دفتر أستاذ مراقبة العملاء ، ودفتر أستاذ مراقبة الموردين ، و دفتر أستاذ مراقبة مخازن المواد.
- دفتر الأستاذ العام و موازينه الرقابية.
- الدفاتر التحليلية ، مثل دفتر تحليل المصروفات ، و دفتر تحليل ضريبة المبيعات المحصلة.
- السجلات الرقابية ، مثل سجل الأصول الثابتة و سجل العهد ، وسجل التأمينات لدي الغير ، وسجل خطابات الضمان السارية.

هذا ، وقد يضاف إلي ما تقدم في المنشآت الصناعية أستاذ مراقبة التكاليف ، لربط المجموعة الدفترية للمحاسبة المالية مع المجموعة الدفترية لمحاسبة التكاليف ، وتسوية الفروق بينهما.

و النقطة ذات الأهمية هي أن هذه المجموعة الدفترية في ظل نظم المعالجة اليدوية تتخذ وسيطاً مادياً ملموساً ، يتمثل في مجلدات أو دفاتر تحليلية أو بطاقات سائبا ، و تتميز بأنها يمكن الرجوع إليها في أي وقت و قراءة ما بها بشكل مباشر .

أما في حالة نظم التشغيل الإلكتروني للبيانات المحاسبية ، فان هذه المجموعة الدفترية تتحول إلى مجرد ملفات إلكترونية " Electronic Files " مخزونة على أحد وسائط التخزين الإلكتروني (سواءٍ كانت شرائط ممغنطة أو أقراص تخزين مرنه أو ثابتة) . وهذه الملفات لا يمكن الوصول إليها في التعامل معها أو قراءة ما يوجد بها

من قيود وبيانات إلا من خلال فقط البرامج التطبيقية المختصة التي تم في ظلها إنشاء مثل هذه الملفات من الأصل.

هذا التغيير السافر في طبيعة المجموعة الدفترية في ظل التشغيل الإلكتروني للبيانات المحاسبية سوف يكون له تأثيره الكبير بوجه خاص على طبيعة و إجراءات كل من نظم الرقابة الداخلية و المراجعة الخارجية ، إذ انه يعني ببسطة أمرين:

- صعوبة اكتشاف أي تعديل غير مشروع أجرى على محتويات الملف.
- صعوبة تحديد المسؤولية عن هذا التعديل في حالة اكتشافه.

تركيب نظام محاسبي جديد

عند القيام بتركيب نظام محاسبي جديد في شركة ما، ما هو المطلوب من المحاسب من الإدارة المالية وقسم نظم المعلومات في الشركة عمله Information Technology &Data Processingعمله للخروج بنظام محاسبي يخدم نشاطات الشركة كيفية عمل التحاليل المالية للشركة ما هو المطلوب في الشركة، فالمعروف انك إذا نظرت إلى دليل الحسابات في الشركة ترى القوائم المالية قائمة في تقسيمته لذلك يجب ان يحتوى دليل الحسابات على التصنيف التالي والحسابات التالية :

1.حسابات الميزانية Balance Sheet Account

2. حسابات الأرباح والخسائر Profit and Loss Account -

3. الحسابات الإحصائية Statstic Account

عند القيام بخلق شجرة الحسابات أو ما يسمى دليل الحسابات Chart of Account كون نظام الترقيم 1- حسابات الميزانية ألأصول المتداولة - الالتزامات رقم 2 - حسابات الأرباح والخسائر من مبيعات مشتريات وكافة الأمور المتعلقه بها 3 - المصاريف رقم 4 وهكذا .

كـذلك يتوجـب أن يـتم خلـق مـا يسـمى بـال Accounting Dimension التصـنيف المحاسبي وهو التي نقوم منها بتحديد مراكز التكلفـة أقسـام المربحيـة في النشـأة عـلى سـبيل المثال التصنيف يكون

- Account No
- Division / Business Type
- Department
- Employee
- Contract No
- advertisment and Promtion
- Purchase Order

عند تصميم هذه الأمور في دليل الحسابات في النظام المحاسبي يكون من السهل تحليل الحسابات وتحديـد الأربـاح والخسـائر ومصـاريف الأقسـام وكيفيـة توزيـع الإيـرادات، فنظـام الترقيم في الحسابات يعطي لنا القدرة على التذكر وعلى ترتيب الحسابات ويسـاعد بقـوة عنـد عمل التقارير المالية، من خلال هذه الموضوع سوف نقوم بربط المتطلبات وأفضل طـرق فهـم كيفية إعداد دليل الحسابات الذي هو أساس البناء في البرامج المحاسبية فإذا كان إعداده جيد وحسب المتطلبات يكون البرنامج المحاسبي على تزويد الإدارة المالية بالتقرير المطلوبـة وتلبيـة إحتياجات الشركة دليل الحساب Chart of Account دليل الحسابات هـو عبـارة عـن قائمـة من الحسابات التي تستعملها الشركة لتقيد حسـابات وصـفقاتها المحاسـبية . Bookkeeping عدد الحسابات في دليل الحسابات يعتمد على العناصر التالية :

1. حجم الشركة ونشاطها.

2. تعقيدات نشاط الشركة.

3. كمية التحليل التفصيلي التي نحتاجها الشركة.

طبعا عند التخطيط في تصميم دليل الحسابات يجب أن يتناسب مع قسم تدفق رأس المال Cap l Inflow خلال دورة الأعمال Business Cycle كيفية انسياق القيود المحاسبية في هذه الحسابات وتقيدها ، كيفية إدارة موجودات الشركة Fixed Asset Management قبل تصميم أي دليل حسابات أو الشروع في تصميمه، يجب أن يؤخذ بعين الاعتبار التساؤلات التالية :

1. كيفية ترقيم الحسابات How Accounts are numbered .
2. كيفية تصنيف الحسابات How accounts are Classified .
3. كيفية تجميع هذه الحسابات How accounts are grouped together .
4. التقيد القانوني للغة القانون للحسابات How are legal regarding legal language met ?.
5. تركيب الأبعاد وكيف ترحيل الصفقات في الحساب The Structure of dimensions -how transaction are allocated to dimensions الحسابات الإسمية Nominal Accounts.

تعريف دليل الحسابات يعتبر أحدى المهام الرئيسية البارعة التي يتوجب أخذها بعين الاعتبار عند تصميم أو تركيب أو تطبيق أي برنامج محاسبي في شركة جديدة هنا يأتي دور الإدارة المالية وطاقهما المالي الذي يتوجب عليهم أن يفهموا إنسيابة القيود المحاسبية في الحسابات لذلك يتوجب أن تصنف الحسابات في أي دليل حسابات إلى ثلاث حسابات رئيسية :

- حسابات أرباح وخسائر Profit and Loss

• حسابات ميزانية Balance Sheet Accounts

• حسابات إحصائية Statistical

ملاحظة تم إضافتها هنـا بـأن الحسـابات الإحصـائية Statistical accounts لا تمثـل ولا تشكل جزء من حسابات الأرباح والخسائر او حسابات الميزانية وهم لا يعتبر جزء مـن القيـود المالية او مسك الدفاتر المالية هي حسابات إحصائية لحفظ عملات الأجنبية فقط.

رقم الحساب Account Numbers

عدد أرقام الحساب يجب ان تكون ثابتة متساوية يعني 6 خانات 8 حانـات 10 خانـات يعتمد على حجم الحسابات التي ترغب الشركة في حفظهـا وكيفيـة تنفيـذها وتصـنيفها . عنـد تصميم دليل الحسابات ترقيم الحسابات وكيفية تجميع الحسـابات حسـب نوعيتهـا يجـب أن يؤخذ بعين الاعتبار وسوف نذكر هنا مثال بسيط صغير.

يمكن ان نستعمل الرقم (1) لحسابات الميزانية - الأصول الرقم (2) لحسـابات الميزانيـة الخصوم وقد يكون الخانة الثانية في الترقيم 10 والتى ترمز لحسابات البنوك الرقم 11 قد يعني المخزون وعلى هذه الطريقة يتم ترقيم الحسابات في دليل الحسابات من هذا يفهم الخانة من الرقم الأولي يرمز لصنف Class والرقمين التالين يرمزان للمجموعة Group .

مثالا بسيط

1يرمز الأصول

10يرمز للبنوك

11يرمز للأسم البنك

رقم حساب بنك العربي التجاري سوف يكون 110110100 ويكون هذا رقم الحساب رقم واحد تحت مسمى هذا البنك وهكذا يستمر الترقيم في دليل الحسابات.

الأبعاد Dimensions

الغاية الأساسية من الأبعاد هو الأعداد لتحديد إيرادات ومصاريف كل قسم على حده وتحليل هذه المصاريف حتى ادق المراحل من التحليل المالي حسب ما تراه الأدارة المالية مناسب عند إعداد تقاريرها المالية والأدارية عند عرضها على ألأدارة المالية.

الأبعاد قد تكون بعدة طرق وهذا كله يعود لنشاط الشركة وحاجتها وطريقة عرضها المثال الأول :

- رقم الحساب Account No
- مراكز التكلفة Cost Centre
- المنتج Product
- المشروع Project
- التصنيع Manufacturing
- التشغيل processing

الأبعاد بطريقة في شركة تسويق

- رقم الحساب Account No
- القسم / نوع النشاط Division /Bus-type
- الدائرة Department
- الموظف Employee
- العقد Contract
- مصاريف التسويق Advertisement & Marketing
- طلب الشراء Purchase Order

طبعا تحديد ما يسمى بالأبعاد Dimensions هو التخطيط الذي يتوجب على الإدارة المالية أن تقوم به لتقديم أدق التفاصيل عن نشاط الشركة وهذا التنصيف يكون له دور عند إعداد التقارير وحساب أرباح كل قسم كل مشروع تكلفة العمالة العقود.

مستوى التقرير Reporting Level

عند إعداد دليل الحسابات يجب أن يؤخذ بعين الاعتبار مستوى التقارير وكيفية استخراج هذه التقارير وتقديمه، وهذا كل الأساس من خلال ما يسمى Grouping of Accountهنا يأتي دور الأبعاد في الترتيب Sorting of Information Based in Dimension حيث يتم البحث بهذا الطريقة وترتيب إيرادات ومصاريف كل قسم حسب Group لذلك في غالبية الحالات يجب ان يكون عند إدخال القيد المحاسبي أن تكون الأبعاد المحاسبية من رقم 1 - 3 وهي التي ظهرت باللون الغامق على سبيل المثال .

هنا تأتي قوة البرنامج المحاسبي في كيفية تسهيل هذه الأبعاد في كيفية التصميم ودور المبرمجين ومصممي البرامج المحاسبية في الخطوات التي يتخذونها لتسهيل هذه التقارير وتحاليلها الهيكل الهرمي للحسابات و التي يمكن أيضاً تسميتها بالـ CHART OF ACCOUNTS، فالتركيب الهرمي مفيد في حالات معينة أذكر منها التقارير القطاعية و ذلك عند تقسيم الهيكل التنظيمي للمؤسسة إلى شركة أم(قابضة) ثم شركات فرعية ثم فروع ثم أقسام و هذا التقسيم مفيد جداً في أنتاج التقارير التي تساعد على الوصول إلى تحليل ثلاثي الأبعاد بالطبع إن شجرة الحسابات أو خريطة الحسابات مهمة و يجب أن تؤخذ العديد من الاعتبارات عند تأسيس الحسابات الخاصة بالشركة و لكن هناك اعتبار مهم جداً يجب أن يؤخذ في الحسبان عادة الحلول المالية تتكون من عدة برامج بينها اتحاد و توافق و البرمجيات يطلق عليها (MODULES) فنجد مثلا:

- ACCOUNTS RECEIVABLE MODULE
- ACCOUNTS PAYABLE MODULE
- GL MODULES
- FIXED ASSESTS MODULES
- HUMAN RESOURCES MODULES

و غيرها و كل حل مالي يختلف عن الأخر و لكن الفكرة تظل واحدة و يظل قلب كل حل مالي هو اليومية العامة أو GL MODULE فعند تأسيس البرنامج و خصوصاً في مرحلة أعداد شجرة الحسابات يجب أن يؤخذ بعين الاعتبار الحسابات التي سوف يرحل لها هذا الـ MODULEالقيود ، مثال ذلك فيACCOUNTS RECEIVABLE MODULE يجب الإشارة إلى الحسابات التي سوف يتم ترحيل القيود المركزية إليها في منطقة اللا شعور أو BEHIND SENSE AREA بمعني أن المستخدم مثلاً تجده يدخل فاتورة بيع أجلة في نافذة إدخال الفواتير فما القيد الذي سيحدث دون أن يشعر ؟

من حـ / المدين حسن مثلا إلى حـ / المبيعات و هذا على افتراض استخدام نظام الجرد الدوري ، و هذا القيد هو قيد مخفي سوف يحدث كلاً من حسابات العملاء و حسابات المبيعات في أن واحد بدون تدخل يذكر مباشر بتحرير القيد من المستخدم.

إذن على كل مدير مالي أو مدير حسابات عند أعداده لخريطة الحسابات أن يضع في الحسبان التكنيك الذي ستعمل به هذه الـ MODULES و كيفية بناء تكامل صحيح بينها.

و هذا ما يدعو إلى أن أنتقل إلى نقطة مهمة هنا و هي دور المحاسب في ظل أستخدام التطبيقات المحاسبية في المنشأة ، هل هو مدخل بيانات أم ماذا ؟ و هل أنتهت مهنة المحاسبة عند هذا الحد ؟

المحاسب أو المدير المالي لن تكون وظيفته إدخال البيانات بشكل أعمى كما يظن البعض و لكن هذه الحلول المالية تنطوي على كثير من المشاكل التي من الجائز أن تحدث ويجب على كل محاسب أن يحتاط لذلك بدعم المعرفة التكنولوجية له و معرفة

خط سير معالجة البيانات و تركيبة البيانات المحاسبية و الأساسات لأي نظام محاسبي هي الأساسات التي تقوم أنت بصياغتها وإعدادها في دليل الحسابات.

هل تخيلت النظام المالي الذي سوف تقوم بإعداده ما هو النظام المحاسبي Accounting Applicationالذي يتوافق مع نشاط التشغيلي للمنشاة التي سوف تقوم بتركيبه كل هذا مبنى على Operation Cycle لشركة Enterprise من طبيعة النشاط يكون تصميم أو Implementation لبرنامج المحاسبة The Accounting Package هذه الأمور سوف تواجهها عند بدء التخطيط Enterprise Resource Planning وسوف تسمع هذه المصطلحات ERP .

غالبية البرامج المحاسبية Accounting Software بغض النظر عن طريقة برمجتها Programmingسواءٍ كان هذا عن طريق لغة ++C أو ما يسمى بالفيجوال بيسك Visual Basicأو Oracle Application أو البور بلدر PowerBuilder فهي تحتاج أن تظهر بالصورة التالية ويجب أن تطبق نظام المحاسبة Double Entry System والمحافظة على نظام التقيد Bookkeepingوالذي ينص على تساوى الطرفين Debit = Credit في القيد المحاسبي وعلى أي حال نشاهد واجهة التطبيق للأي برنامج محاسبي سوف يتكون من الآتي:

1. الأستاذ العام General Ledger .
2. إستاذ المبيعات Sales Ledger .
3. استاذ المشتريات Purchase Ledger .
4. إستاذ الكمبيالات Promissory Notes Ledger .
5. أستاذ الخدمات الأدارية Services Order Management .
6. أستاذ أوامر الشراء Sales Order Ledger .

7. أستاذ أوامر المبيعات Purchase Order Ledger .
8. مراقبة المخزون -بضاعة Stock Control .
9. الأحصائية Statistics .
10. إدارة المشاريع Project Management .
11. الرواتب /ش. موظفين Payroll – HR .
12. خدمات البرنامج System Utilities .
13. تواريخ اوامر Order History Detailed .

هل لك ان تتخيل حجم هذا البرنامج المالي وكيفية ترابط كل جزء من أجزائه مع بعضها البعض ليصبح نظام شامل، هل لك أن تفكر في هذا الموضوع وكيفية ربط هذه Modules مع بعضها البعض، كل هذه الأفرع من الأجزاء يجب أن تلتقي في ما يسمى بالأستاذ العام كل هذه الروافد يجب أن تصب في النهاية في الأستاذ العام General Ledger ولكن كيف ؟ نعود ونقول طبعا عن طريق دليل الحسابات والأبعاد التي تم تصميمها عند البدء في إعداد Chart of Accountsهل يستطيع أحد منكم أن يقوم بربط هذه الأجزاء مع البعض ؟ المطلوب منك أن تقوم بإحضار ورقة وتضع الأستاذ العام في دائرة Circular وتربيطها بخطوط مع بعضها البعض .

نتخيل أن معنا نظام محاسبي يتكون من أربعة MODULES

الأول GL :

الثاني AR :

الثالث AP :

الرابع INVENTORY :

الآن سوف نتخيل هذه العلاقة

أولا : علاقة GL مع AR

لكي يتم تأسيس العلاقة بين كلاً من GL و AR يجب علينا بناء عدة حسابات أستاذ هي(سوف نفرض هنا أستخدام الحل المالي نظام الجرد الدوري).

حـ / العملاء

حـ / المبيعات

حـ / مردودات المبيعات

حـ / مسموحات المبيعات

ففي النظام الأساسي عند تأسيس الحل المالي يجب أن يطلب منك المعلومات بشأن هذه الحسابات حتى يحدث التكامل بين كلا من GL MODULE و AR MODULE فأي حل مالي كما ذكرت سابقاً يجزء الحل المالي إلى عدة MODULES و لكن كيف للنظام الأساسي في الحل المالي أن يعرف ما يجب عليه فعله عند عمل فاتورة مبيعات على سبيل المثال فلو أخذنا الآن هذا المثال لتحليل ماذا يحدث وراء الكواليس لعرفنا أننا عندما ندخل فاتورة بيع فإن البرنامج سوف يقوم بعمل القيد التالي إذا كانت على الحساب أو فاتورة آجلة ، من حـ / عملاء -حسن مثلا إلى حـ / المبيعات .

و أيضاً وراء الكواليس يتم خصم الكمية المباعة من المخزون ، و نحن إذ ذكرنا سابقاً أننا بصدد حل مالي يعتمد نظام السيطرة على المخزون على نظام الجرد الدوري فإن السيطرة هنا تكون سيطرة بيانية خلال السنة أي لا تأثير على الحساب الخاص بالمخزون الموجود في ميزان المراجعة .

الدور الكبير لربط هذه الأجزاء مع بعضها البعض هو دليل الحسابات كيف يحدث هذا كيف يمكن ربط هذه الأجزاء مع بعضها البعض يتم هـذا عـن طريـق مهـام خاصـة يجـب أن تتوفر في دليل الحسـابات أو النظـام المحاسـبي Accounting Software وهـو مـا يعـرف ب Special Functionماذا نعني هنا بالمهام الخاصة لدليل الحسابات Chart of Account .

المهام الخاصة هو أن تضع قـوانين وطريـق في كيفيـة التعامـل مـع الأجـزاء وذلـك بمـنع التقييد على هذه الحسابات في الأستاذ العام بمبـاشرة يعنـي تكـون هـذه الحسـابات حسـابات تصب فيها القيود مباشرة من Module على سبيل المثال وبطريقة مختصرة.

لحساب أستاذ المبيعات Sales Ledger (AR) يتم خلق حساب أسمي في الأستاذ العـام Nominal Accountحساب الـذمم المدينـة Account Receivable ويـتم خلـق العميـل في أستاذ المبيعات ويتم ربط العميل مع حساب الذمم في الأستاذ بهـذه الطريقـة يكـون مبيعـات العميل وسجله التفصيلي في أستاذ المبيعات . بهذه الطريقة يصبح من السـهولة إدخـال فـواتير العميل مباشرة على حساب الذمم accounts Receivable من خلال Sales Ledger .

وسوف يقوم النظام المحاسبي بمنعك من إدخال قيود مباشرة على هذا الحسـاب سـوف يقوم الحساب عن طريق Special Function بعمـل block للقيـود الـذي يـتم إدخالهـا عـن طريق الأستاذ العام كافة قيود المبيعات من فواتير Sales Invoices إشعار مدين دائن Credit Debit Note &عن طريق Sales ledger .

هذه بعض العناصر التي يمكن ان يتم وضع Special functions والتي من خلالهـا يـتم وضع القوانين وكيفية ربط هـذه الحسـابات مـع الأسـتاذ العـام هـذه المسـميات تختلـف مـن برنامج محاسبي لأخر .

لماذا نحتاج لحساب مبيعات بالعملة الأجنبية وحساب مشتريات بالعملة الأجنبية، قد يمتد نشاطك خارج الدولة وتبيع لدول المجاورة وسوف تكون مبيعاتك بالعملة الأجنبية بالدولار على سبيل المثال لذلك يجب ان تحفظ المبيعات بالعملة الأجنبية في حساب أحصائي منفصل عن الحسابات الرئيسية حيث ان السداد سوف يكون بالعملة الأجنبية وهناك التحويل وسعر الصرف الذي سوف يختلف من تاريخ إصدار الفاتورة حتى تاريخ سدادها هذا الفرق يكون ارباح او خسارة فرق عملة .

لنحدد الأن العلاقة بين كل من النماذج المحاسبية حتى نفهم الدورة المحاسبية في Accounting Softwareوكيفية التي يتم فيها التطبيق Implementation .

ماهي الرابط بين المبيعات والمشتريات هو المخزون لابد ان يكون هناك مشتريات بضاعة هذه البضاعة يتم شرائها من المورد يتم تخزين البضاعة في مخازن الشركة يتم بيع هذه البضاعة للزبائن يتم تحصيل هذه المبالغ هذا ما يعرف ب Accounting Cycle هنا نستطيع ان نفهم العلاقة ان إستاذ المبيعات وإستاذ المشتريات يلتقيان في ويتصلان مع المخزون ومن خلال Special Functions يتم ربطهما مع الأستاذ العام General Ledger .

من خلال أوامر المبيعات Sales Order Module يتم إدخال طلبات المبيعات ويقوم النظام بحجز الكمية وصرفها من المخزن لصالح هذا الطلب الشراء، وعند أقفال هذا النموذج يتم عمل الفاتورة وتصبح جاهزة لتسليم للعميل المعني هنا ان تم سحب البضاعة من المخزن الرئيسي لصالح هذا الطلب تم تجهيز الفاتورة بسعر البيع ببساطة يكون القيد المحاسبي في البديهية كالاتي :

من ح / العميل

من ح/ تكلفة البضاعة المباعة

إلى ح/ المبيعات

وإلى ح / المخزون

هذه الأمور في النظام المحاسبي لا تتم بهذه البساطة المحاسبية المذكورة هنا ولكن لها خفايا داخلية سوف نتناولها في شروحتنا القادمة، هذا ما يخص دليل الحسابات Chart of Accountوإذا أردت أن اسرد في كل جزئية فاننا سوف نأخذ وقت طويل لشرح التفاصيل المتعلقة بكل برنامج وربطه مع بعضه البعض ما اريده ان يقوم بالتفكير وطرح التصور لكل جزء وتقديم التساؤلات ونحن على الأستعداد للأجابة على كل الأسئلة سنخوض في المرة القادمة في خفايا البرامج المحاسبية كيفية القيود وعلاقات هذه القيود مع كل جزئية من جزئيات البرنامج المحاسبي

العلاقة بين البيانات والمعلومات المحاسبية

يمكن تعريف البيانات بأنها : حقائق مجردة تعبر عن حدث أو أحداث معينة بهيئة رموز أو حروف أو أرقام أو رسوم بيانية ، تكون بصيغة غير مرتبة (طبقاً للاستفادة المطلوبة من استخدامها) يتم جمعها أو الحصول عليها من مصادر مختلفة بهدف تحويلها إلى معلومات يمكن الاستفادة منها بعد إجراء العمليات اللازمة عليها وترتيبها ، فهي المادة الخام (الأساسية) اللازمة لإنتاج المعلومات .

وهناك أمثلة كثيرة على البيانات في الحياة العملية منها أرقام الإنتاج ، أرقام المبيعات، أرقام المخزون ، الإحصاءات المختلفة (أرقاماً وخرائط ورسوماً بيانية).

وتمثل الأحداث الاقتصادية التي تحدث في الوحدة الاقتصادية الأساس في الحصول على البيانات المحاسبية التي يمكن أن تصنف تبعاً لتلك الأحداث إلى الصنفين الرئيسين الآتيين:

(1) بيانات مالية، وهي تتعلق بكافة الأحداث الاقتصادية التي تحدث في الوحدة الاقتصادية ويتبعها أثراً مالياً بحيث يمكن قياسها والتعبير عنها بصورة مالية ، وهي تشمل كافة الأحداث الرئيسية الآتية :

أ. الأحداث التمويلية المتعلقة بكيفية الحصول على الأموال اللازمة لممارسة الوحدة الاقتصادية لنشاطها الاقتصادي (الجاري وغير الجاري) سواء من قبل أصحاب الملكية أو عن طريق الاقتراض(قصير الأجل أو طويل الأجل).

ب. الأحداث الرأسمالية المتعلقة بكيفية الحصول على الموجودات الثابتة واندثاراتها ومجالات التصرف بها (البيع أو الاستبدال).

ج. الأحداث الايرادية ، المتعلقة بكيفية تحقيق أرباح العمليات الجارية (أرباح النشاط الجاري).

(2) بيانات غير مالية، وهي تتعلق بكافة الأحداث الاقتصادية التي تحدث في الوحدة الاقتصادية ولا يتبعها أثراً مالياً، وهي على نوعين :

أ. بيانات كمية، وهي تلك البيانات التي يمكن التعبير عنها بصورة كمية ، مثل إعداد العاملين ، عدد ساعات العمل، عدد الأسهم ، عدد الوحدات المباعة .. الخ .

ب. بيانات غير كمية ، وهي تلك البيانات التي لا يمكن التعبير عنها بصورة كمية أصبحت يتم التعبير عنها بصورة وصفية نظراً لصعوبة قياسها بصورة كمية أو من أمثلتها مدى الاستفادة من البرامج التدريبية للعاملين، أذواق المستهلكين ....الخ.

وعليه يمكن تعريف المعلومات بصورة عامة بأنها : ناتج العمليات التشغيلية التي تجري على البيانات من تبويب وتحليل وتفسير بهدف استخدامها في توضيح الأمور المختلفة وبناء الحقائق عليها من قبل مستخدميها وبما يحقق الفائدة لهم .

ومن خلال تعريف كل من البيانات والمعلومات يتضح أن المعيار الأساسي للتفرقة بين البيانات والمعلومات ينحصر في الفائدة المحققة منهما ،كما أن هناك إمكانية لاعتبار البيانات بمثابة معلومات إذا ما تم تنظيمها وإعادة ترتيبها بشكل يجعل لها معنى ودلالة وذات استخدام مفيد لمستخدمها ، بعد الأخذ بنظر الاعتبار كل من : المستخدم، مكانته الوظيفية ، التوقيت الزمني للاستخدام .

المعلومات المحاسبية وشروطها

تعرف المعلومات المحاسبية بأنها : كل المعلومات الكمية وغير الكمية التي تخص الأحداث الاقتصادية التي تتم معالجتها والتقرير عنها بواسطة نظم المعلومات المحاسبية في القوائم المالية المقدمة للجهات الخارجية وفي خطط التشغيل والتقارير المستخدمة داخلياً.

وبذلك فهي تمثل ناتج العمليات التشغيلية التي تجري على البيانات المحاسبية والتي تستخدم من قبل الجهات الداخلية والخارجية التي لها علاقة بالوحدة الاقتصادية وبما يحقق الفائدة من استخدامها .

وتنشأ الحاجة إلى المعلومات المحاسبية من نقص المعرفة وحالة عدم التأكد اللازمة للنشاط الاقتصادي ، وبذلك فإن الهدف من توفير وتقديم المعلومات إلى الجهات المستفيدة (وخاصة متخذي القرارات) يتحدد في تخفيف حالة القلق التي تنتابهم ، وكذلك لإمدادهم بمزيد من المعرفة، حيث أن وفرة المعلومات الضرورية تؤدي إلى زيادة المعرفة المسبقة لما سيحدث مستقبلاً أو تقليل حجم التباين في الخيارات ، وذلك

عندما يستخدم متخذو القرارات تلك المعلومات كنسب احتمالية للاختيار بين البدائل المتاحة .

وبذلك فإنه ليس من الضروري أن تتحول البيانات المحاسبية إلى معلومات بعد إجراء العمليات التشغيلية عليها أصبحت يرتبط ذلك بتحقيق شرطين مهمين (أو أحدهما على الأقل) عند استخدامها من قبل متخذ القرار وهما :

1. إن المعلومات الناتجة يجب أن تقلل من درجة عدم التأكد لدى متخذ القرار ، وذلك من خلال تقليل عدد البدائل المتاحة أما متخذ القرار .
2. إن المعلومات الناتجة يجب أن تزيد من معرفة متخذ القرار ، وذلك في حالة عدم تحقيق الشرط الأول ، حيث يمكن الاستفادة من المعرفة المضافة في اتخاذ قرارات أخرى في المستقبل .

أما إذا لم يتحقق ذلك ، فلا يمكن أن يكون ناتج العمليات التشغيلية على البيانات بمثابة معلومات ، أصبحت يمكن اعتبارها "بيانات مرتبة" يمكن خزنها واستخدامها كمدخلات في النظام من جديد.

أنواع المعلومات المحاسبية

يمكن تبويب أنواع المعلومات المحاسبية كما يلي :

1. معلومات تاريخية (مالية).
2. معلومات عن التخطيط والرقابة.
3. معلومات لحل المشكلات.

(1) معلومات تاريخية (مالية)

وهي معلومات تختص بتوفير سجل للأحداث الاقتصادية التي تحدث نتيجة العمليات الاقتصادية التي تمارسها الوحدة الاقتصادية ، لتحديد وقياس نتيجة النشاط (من ربح أو خسارة) عن فترة مالية معينة وعرض المركز المالي في تاريخ معين لبيان سيولة الوحدة الاقتصادية ومدى الوفاء بالتزاماتها.

ويلاحظ أن هذه المعلومات تهتم بتسجيل التكاليف والإيرادات بعد حدوثها ، وبما يعني أنها معلومات فعلية تتعلق بالأحداث الاقتصادية كما وقعت ،كما أنها تركز على الاستخدام الخارجي (من قبل الجهات الخارجية) بصورة أكبر .

ورغم الإقرار بأهمية هذه المعلومات فأنه من المفضل للأغراض العملية أن يتم الإعلام بالأمر مقدماً لكي يمكن اتخاذ القرار قبل أن يصبح الأمر متأخراً ، وهو ما يعد عملاً مفيداً يمكن أن يقوم به المحاسب نظراً لعدم القدرة على تغيير الماضي.

إضافة إلى ذلك فإن المعلومات التاريخية تفيد الإدارة في عمل المقارنات بين فترة وأخرى ، وكذلك في اكتشاف الانحرافات (التي يمكن أن تحدث) عن طريق مقارنتها بمعلومات التخطيط المحددة مقدماً . ويمكن أن يقوم بتقديم هذا النوع من المعلومات نظام المحاسبة المالية بالدرجة الأساس .

(2) معلومات عن التخطيط والرقابة

وهي معلومات تختص بتوجيه اهتمام الإدارة إلى مجالات وفرص تحسين الأداء وتحديد مجالات أوجه انخفاض الكفاءة لتشخيصها واتخاذ القرارات المناسبة لمعالجتها في الوقت المناسب ، ويتم ذلك من خلال وضع التقديرات اللازمة لأعداد برامج الموازنات التخطيطية والتكاليف المعيارية ، حيث تبرز الموازنات التخطيطية الوضع المالي للوحدة الاقتصادية في لحظة تاريخية مقبلة ، فضلاً عن استخدامها في أغراض الرقابة وتقييم الأداء وتحديد مسؤولية الأفراد الجماليات مساءلتهم محاسبياً ، أما التكاليف المعيارية فتهتم بالتحديد المسبق لمستويات النشاط بغرض تسهيل عملية المحاسبة لكل مستوى من المستويات الإدارية من خلال الاعتماد على مراكز التكلفة وتحميل التكاليف الإضافية ... الخ .

ويلاحظ أن هذه المعلومات تتعلق بالأنشطة الدورية المتكررة في مجالات التكلفة وتحميل التكاليف الإضافية .. الخ .

كما يلاحظ أن هذه المعلومات تتعلق بالأنشطة الدورية المتكررة في مجالات التخطيط والرقابة حيث أنها تهتم بالأداء الجاري والمستقبلي من خلال مساعدتها في تجهيز التوقعات للمستقبل ومقارنة النشاط الجاري بأرقام الخطة لتحديد الانحرافات وتحليلها والبحث في أسبابها وتحديد المسؤولية عنها واتخاذ القرارات التصحيحية بشأنها قبل فوات الأوان .

ويمكن أن يقوم بتقديم هذا النوع من المعلومات كل من:-

أ. نظام محاسبة التكاليف عندما تكون المعلومات متعلقة بالتخطيط قصير الأجل من خلال نظامي محاسبة التكاليف الفعلية والتكاليف المعيارية .

ب. نظام المحاسبة الإدارية من خلال نظام الموازنات التخطيطية.

ج. نظام الرقابة الداخلية .

(3) معلومات لحل المشكلات

وهي تتعلق بتقييم بدائل القرارات والاختيار بينها ، وتعتبر ضرورية للأمور غير الروتينية (أي التي تتطلب إجراء تحليلات محاسبية خاصة أو تقارير محاسبية خاصة) وبذلك فهي تتسم بعدم الدورية.

وعادة ما تستخدم هذه المعلومات في التخطيط طويل الأجل مثل : قرار تصنيع أجزاء معينة من السلعة داخلياً أو شرائها أو إضافة أو استبعاد منتج معين من خط الإنتاج أو شراء موجودات ثابتة جديدة بدلاً من المستهلكة وغيرها من القرارات الأخرى .

الفصل الرابع

مدخلات ومخرجات نظم المعلومات المحاسبية

مدخلات ومخرجات نظم المعلومات المحاسبية

أولاً: مدخلات النظم المعلومات المحاسبية

دور المستندات في النظام المحاسبي

تلعب المستندات دوراً هاماً وواضحاً في النظام المحاسبي وفي فعالية دورة العمليات في المنظمة وذلك للأسباب التالية:

1) تستخدم كوسيلة لإثبات العمليات وتسجيلها في السجلات المحاسبية.
2) تحديد تدقيق البيانات داخل المنظمة من خلال تحدد أماكن نشوء هذه المستندات وانتقالها وأماكن حفظها.
3) تستخدم بعض المستندات كأساس في إعداد مستندات أخرى.
4) تدل على حركة التدفقات المادية لأصول المنظمة فمثلاً تدل وثيقة الشحن على نقل البضاعة من المنظمة للعميل.

مرحلة إدخال البيانات

يقوم أغلب العاملون في المؤسسات بتسجيل العملية التجارية على ورقة خاصة تدعى المستند الأصلي، والذي يتضمن البيانات التي تؤدي إلى حدوث تغير في وضع الموارد. مثال ذلك يقوم البائع بإعطاء الشركة معلومات عن وثيقة الشحن الصادرة بأن المواد الأولية قد ازدادت كمياتها الموجودة في مخازن الشركة.

ويكمن هدف هذا المرحلة في إدخال البيانات على تصميم مستندات المدخلات والإجراءات المتعلقة بإدخال البيانات بشكل يؤدي إلى إدخال المعلومات حول العمليات التجارية بشكل دقيق والى إدخال أنظمة المعلومات. ومن أهم مراحل إدخال البيانات تصميم المستند والترميز والإدخال وفحص الأخطاء.

مدخل الجودة الشاملة في تصميم نظم المدخلات

هنالك معايير متعلقة بالصفات المحددة لنظم المعلومات والمستخدمة من بداية والنهاية لهذا المعايير وهي:

(1) الوقتية والذي يقاس من خلال إتمام أو اكتمال إدخال العمليات والذي يتمثل عدد العمليات التي جرى إدخالها دون ارتكاب أخطاء خلال الوقت المحدد.

(2) الكمال حيث المدخلات كلها المطلوبة يجب إدخال إلى الملفات.

(3) آمن المعلومات والتي يجب إدخال المعلومات فقط من قبل الموظفين الذين لهم صلاحية إدخال المعلومات، وينجز ذلك عادة باستخدام كلمات السر في عمليات الإدخال.

(4) الملائمة والتي يجب أن تكون بيانات المدخلة ملائمة لعملية اتخاذ القرارات ومرتبطة بها.

(5) الاقتصادية حيث عندما تكون النظم المتاحة متساوية في جميع الصفات الأخرى فنظام المدخلات الأوفر والأرخص هو الذي يجب اختياره.

أسس تصميم المستندات

تتمثل الأسس في أنظمة المعلومات في مجال الأعمال المسؤولين عن تصميم المستندات الأصلية التجارية وذلك لعدة أسباب:

(1) إن الكثير من المستندات الأصلية يجب أن تستبدل بمستندات يمكن قراءة البيانات التي تتضمنها بشكل آلي، وذلك نظراً لسرعة التطوير التكنولوجي.

(2) إن التصميم الضعيف للمستندات الأصلية يؤدي إلى بطئ وعدم دقة إدخال بيانات العمليات.

(3) إن الأشخاص الآخرين في الشركات قليل منهم من يتمتع بالتدريب والخبرة والمعلومات الكافية ليستطيع تصميم مثل هذه المستندات.

ويوجد مجموعة من الإرشادات العامة التي تساعد على وضع تصميم جيد للمستندات وهي:

أ. اللون - حيث قد تكون المستندات متعددة الألوان ومكلفة إلا أنها تساعد في لفت انتباه المستخدم إلى الحقول الهامة في المستند ليركز عليها.

ب. الفراغات بين الأسطر حيث إذا كان النموذج يعتمد على الحاسب أو الآلة الكاتبة لطباعته، فإن الفراغات بين الأسطر يجب أن تتوافق مع الفراغات المتعارف عليها للآلة الكاتبة القياسية.

ج. التكاليف حيث يمكن خفض التكاليف لإعداد واستخدام المستندات الأصلية كما يلي:

(1) الرقابة على أشكال المستندات.

(2) النسخ المتعددة.

(3) الطباعة الداخلية.

(4) استغلال حجم الورق بالشكل الأمثل.

(5) أنظمة حفظ المستندات.

أ. ينسخ المستند،عادة ما ترسل نسخ متعددة من المستند إلى أماكن مختلفة لغايات مختلفة، لذلك من الأفضل اتباع الاقتراحات التالية:

(1) طباعة النسخ على أوراق يختلف لونها من نسخة لأخرى لتسهيل الإجراءات الروتينية.

(2) يجب أن يوضع على كل نسخة من المستند اسم الشخص أو القسم المرسلة إليه لكي يستلم نسخته.

(3) قم بتخصيص النسخ الأولى أو العلوية في المستندات متعددة الأجزاء للأشخاص الأكثر أهمية.

ب. تسلسل حقول المستند، والتي يجب أن تظهر الحقول التي تتضمنها صياغة أو شكل المستند بشكل طبيعي للأشخاص الذين يملئون هذه الحقول، ولا يجب أن يكون تسلسلها ملائماً لمن يقوم بإدخال البيانات إلى الحاسب لكن سيكون عمل مدخلي البيانات أسهل إذا كانت شاشات الحواسيب مصممة ليكون لها نفس تسلسل المستند الأصلي. ويجب أن يتضمن المستند ما يلي:

1) وجود مكان مناسب للتوقيع الذي يعبر عن الموافقة النهائية على العملية.

2) وجود مكان مناسب لتسجيل إجمالي المبلغ النقدي.

ثانيا: مخرجات نظم المعلومات المحاسبية:

تعد التقارير المحاسبية الأمر المهم والأكثر استخداماً لتقديم مخرجات نظم المعلومات المحاسبية إلى المستفيدين، وتعد التقارير أيضاً إحدى أهم المقاطع للاتصال بين نظام المعلومات والمستندات لهذا النظام، حيث أن نظام المعلومات يقوم على تحويل البيانات إلى معلومات، وهنالك أهداف رئيسية لنظام المعلومات على المستخدمين المتعددين في المنظمة لتقديمها إلى المنظمة وخارجها ومنها:

(1) عرض وتحليل نتائج فعاليات وأنشطة وأقسام المنظمة بحيث يتمكن القائمون على إدارة المنظمة من تقديم أداء الأنشطة المختلفة.

(2) ربط الأهداف الأساسية والفرعية في المنظمة بوسائل وأدوات تحقيقها.

المشاكل في تشغيل النظام

يمكن أن يؤدي التقارير التي تنتجها النظام إلى انهيار النظام من خلال ما يلي:

(أ) زيادة المعلومات حيث أن تسيطر الفلسفة الخاطئة الأكبر هو الأفضل في إعداد التقارير، وبالتالي ستكون التقارير المعدة ضخمة جداً وسيجد المستخدمون بأن تحليل هذه التقارير غير ممكن في الوقت المحدد قبل استلامهم التقرير التالي.

(ب) الاستخدام الزائد للورق حيث أن استخدام أعداد كبيرة من التقارير على الورق يؤدي إلى مشاكل استخدام كميات كبيرة، والى نفقات الإعداد والطباعة والتصوير.

(ج) تأخير المعلومات حيث يصبح المستفيدون لأنظمة المعلومات مستخدمين للتقارير الدورية عند نهاية الفترة.

(د) الإفراط في التوزيع مثل إرسال العديد من التقارير إلى مختلف الجهات والمواقع الإدارية على الرغم من عدم حاجتهم للمعلومات.

الحاجة إلى تحديد التقارير للمنظمة

تعتبر التقارير همزة الوصل بين المستخدمين والنظام، وقد يكون النظام جيداً من حيث المدخلات وأساليب المعالجة إلا أن طريقة إعداد التقارير وتوزيعها غير ملائمة مما يجعل هذا النظام غير قادراً على تلبية حاجات المستفيدين. وهنالك مرحلتين لتحديد حاجة مستخدمي النظام إلى المعلومات هي:

(1) **مرحلة المسح**- والتي يقوم النظم بتكوين تصور عن حاجة كل مستخدم من مستخدمي النظام للمعلومات ويقوم بإتمام الصورة عن جريان البيانات والمعلومات بين مختلف المستخدمين ضمن المنظمة.

ويقوم محلل النظام بالتعرف على موقع المستخدم في الهرم التنظيمي والمهام والوظائف والقرارات التي يتوجب على المستخدم القيام بها في إطار تنفيذه للأعمال الملقاة على عاتقه.

وإذا تبين لمحلل النظم إن الوظائف التالية هي الوظائف التي تقع ضمن مهام وظيفة قسم تخطيط ورقابة الإنتاج كما يلي:

- إعداد خطة المواد الأولية.
- إعداد خطة الإنتاج.
- جدولة الإنتاج.
- وضع وتصميم معايير الأداء.
- الرقابة على نوعية المنتجات.

(2) **مرحلة الاختبار**- يقوم محلل النظم باختبار صحة الفرضيات التي تم بنائها في مرحلة النسخ، أي معرفة توقعات المستخدمين وحاجاتهم للمعلومات. مثلاً سؤال المدير عن المشاكل التي يواجهها أثناء تنفيذه للأعمال، ولكن ليس من السهل الحصول على تعاون المدير في هذا الاتجاه لأن المدير غالباً ما يعارض بالمشاكل هو اعتراف بالأخطاء، ولذلك يجب سؤال المدير عدداً قليلاً من الاسئلة والاستماع بالاهتمام إلى الإجابات، وإذا استطعت أن تجعل المدير يتحدث لفترة طويلة فإنه سوف يفصح عن مشاكله.

أنواع التقارير المحاسبية

(1) **التقارير التخطيطية** - حيث يتم اشتقاق التقارير التخطيطية من خلال الموازنات التقديرية وتساعد على تحاشي الأزمات التي قد تتعرض لها المنظمة نتيجة فقدان التوازن بين العمليات المختلفة. وتساعد أيضاً على تحديد الموارد اللازمة للوصول إلى أهداف المنظمة. يتم إعداد الموازنات التقديرية بشكل مرن من خلال التميز بالحركة والمرونة. فالموازنة هي التعبير الرسمي عن الأهداف بأسلوب مالي والمعلومات هنا مهمة أساسية للشركات الصغيرة لأن مشاكل التدفقات النقدية هي إحدى الأسباب الأساسية لفشل تلك الشركات. ومثلاً هنالك الشركة الحديثة للإنتاج الفني للإلكترونيات تعد موازنة نقدية لشهر حزيران من العام 2000 كما يلي:

البيـــان	10000 وحدة	20000 وحدة	30000 وحدة
- تدفقات نقدية داخلية	1000000	2000000	3000000
- التدفقات النقدية الخارجية	(1100000)	(2150000)	(3300000)
- دائنين	100000	200000	300000
- مصاريف تصنيع	700000	1600000	2630000
- مصاريف بيع وتوزيع	10000	150000	170000
- مصاريف إدارية	200000	200000	200000
- صافي التدفقات النقدية	(100000)	(150000)	(3000000)
- رصيد أول المدة المخطط	100000	100000	100000
- رصيد آخر المدة المخطط	200000	200000	2000000
- المبلغ الواجب افتراضه	200000	250000	400000

(2) **التقارير التشغيلية** - وهي التقارير التي تركز على الوضع الحالي لنظام العمليات داخل المنظمة حتى تساعد الإدارة التشغيلية في التحكم والسيطرة على نظام العمليات اليومية. مثلاً هنالك تقرير حول أرصدة المدينين، وتقرير حول أرصدة المخازن.

وتتمثل المهمة الأساسية لنظام المحاسبية في تسجيل البيانات المتعلقة بالأنشطة المادية المتنوعة مثل عمليات البيع والشحن والقبض والدفع، مما يكن الإدارة من الحصول على صورة عن واقع الأنشطة المادية ومستوى الموارد المتاحة لتنفيذ هذه الأنشطة.

(3) **التقارير الرقابية** - حيث يجب أن تكون المعلومات مفيدة من أجل عمليات الرقابة، فإنها يجب أيضاً أن تكون دقيقة ومتوفرة بالتوقيت المناسب، ويجب أن تكون المعلومات ملائمة أي وثيقة الصلة بالقرار الذي يقوم المدير باتخاذه. وتعد وقتيه المعلومات المحاسبية هامة لأغراض الرقابة حيث أن اكتشاف المبكر للانحراف ضخم ما يساعد في التخلص من المشكلة قبل أن يصبح خارجية عن السيطرة. ويقدم النظام المحاسبي مجموعة كبيرة من التقارير الرقابية للمستويات الإدارية المختلفة والتي يتم بطريقة تحقق أهداف المنظمة بأقل تكلفة وأحن كفاءة إنتاجية ممكنة.

(4) **التقارير التفصيلية** - حيث يتم إعدادها بشكل دوري يومي أو أسبوعي كما توزيع داخلياً، وهي تقارير منظمة من حيث الشكل.

(5) **التقارير الموجزة** - والتي تتضمن الإحصائيات والنسب التي يستخدمها المدراء لتقدير مدى صحة سير العمل ويمكن أن تعد حسب الطلب أو بشكل دوري.

(6) **التقارير الأفقية** - عادة ما تكون مرتبطة بتبادل المعلومات تتعلق بتنفيذ العمليات التشغيلية ضمن المنظمة كإرسال نسخة من أمر البيع من قسم المبيعات إلى قسم الشحن من أجل شحن البضاعة للعميل.

تصميم التقارير المحاسبية الحديثة

تتمثل تصميم التقارير المحاسبية الحديثة ما يلي:

(1) نظام المحاسبة المسؤولة :

إن من أهم المداخل في إعداد التقارير الداخلية هو مدخل محاسبة المسؤولية، ويعرف المحاسبة المسؤولية بأنها افتراض أن كل الأحداث التي تقع ضمن بيئة المنظمة يمكن إرجاعها إلى شخص مسؤول ضمن المنظمة. كما يتم دراسة وتحليل الهيكل التنظيمي للمنظمة الخاص بتفويض السلطة وتحمل المسؤولية وبناء عليه يتم إعداد نظام التقارير الأداء لتقييم النشاط الذي يخضع لإدارة كل قسم على حدة.

إن هذه الطريقة لهذا القسم عادلة وسليمة وبناء على ذلك يجب أن تشتمل الموازنات التشغيلية وتقارير الأداء لكل قسم على أوجه النشاط والعناصر المختلفة التي تكون ضمن نظام مسؤولية المدير المختص بالقسم.

مثلاً شركة الصناعات الإلكترونية:

البيـان	المخطط	الفعلي	الانحراف
المواد	6000	5800	200
الأجور	7000	600	1000
مصاريف صناعية متغيرة	9000	9500	(500)
مصاريف صناعية ثابتة	7000	7200	(200)
مصاريف بيع	3000	3900	(900)
مصاريف بحثية	2000	2400	(400)
المجموع	3400	34800	(800)

(2) اعتماد مبدأ الإدارة بالاستثناء في إعداد التقارير الأداء:

يعتقد البعض أن مشكلة الإدارة تنحصر إلى نقص المعلومات ولكن الصدق هو أن زيادة كمية البيانات التي تصل الإدارة تشكل عائقاً أمام اتخاذ القرار الإداري السليم، حيث زيادة عدد التقارير المسلمة للإدارة وضخامة حجم البيانات والمعلومات التي تحتويها هذه التقارير.

يميل الاتجاه حالياً إلى تخفيض هذا الكم من التقارير والبيانات من خلال اتباع مبدأ الإدارة بالاستثناء الذي يقضي بعدم ضرورة إعداد تقارير حول الفعاليات والأقسام التي تنجح في تحقيق الخطة الموضوعة لها، وبالتالي يقتصر إعداد التقارير حول الفعاليات والأقسام التي لا تنجح في تحقيق الخطة الموضوعة لها، وبالتالي يقتصر إعداد التقارير على الأقسام التي ينتج عن أدائها انحرافات ملحوظة عن الأهداف المرسومة في الخطة.

الفصل الخامس

تطوير وتوثيق نظم المعلومات المحاسبية

تعريف المخطط الهرمي:

هو الرسم التوضيحي والذي يمكن من خلاله بيان كل الوظائف أو المعالجات التي تتم في نظام معين لكي يتمكن من أداء وظائفه. ويتضمن المخطط الهرمي شكل شجرة والذي يطلق عليه شجرة الوظائف حيث يتم وضع الوظيفة الرئيسية في قمة الهرم، ومن ثم تتم عملية تحليل هذه الوظيفة إلى مجموعة من الوظائف الفرعية، وهكذا تستمر عملية التقسيم والتبسيط حتى نصل إلى توصيف كل الوظيفة شكل هرمي مع المحافظة على العلاقات بين هذه الوظائف. مثال على شجرة وظائف الأجور كما يلي:

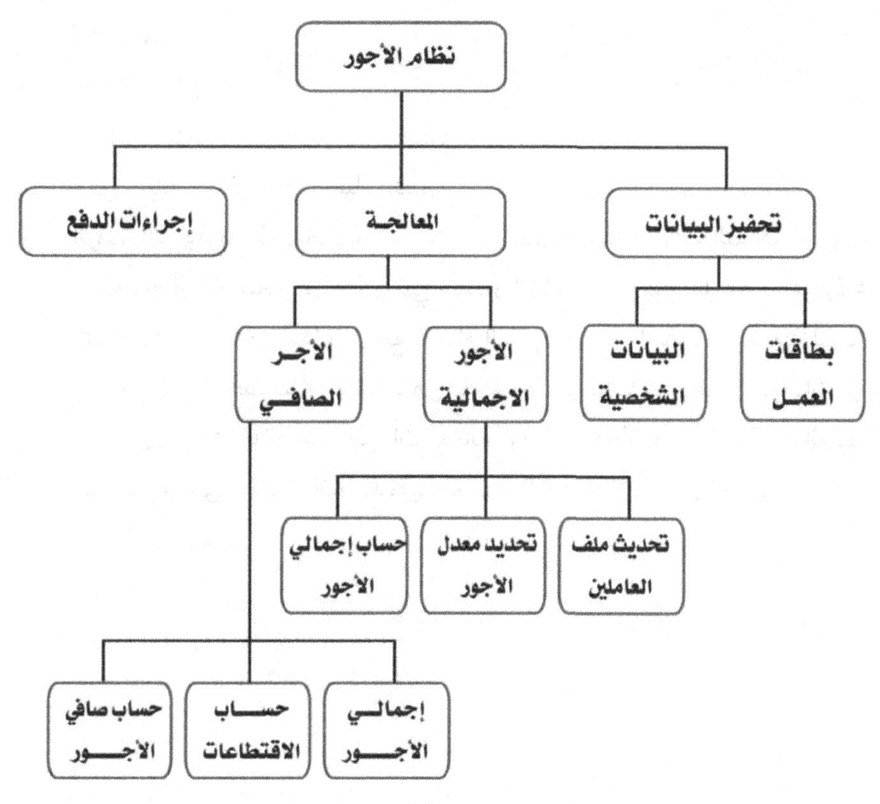

أهمية تطوير وتحليل النظم المحاسبي

(1) التقليل من تعقيد النظام حيث يسمح بتجزئة المشاكل الكبيرة والمعقدة إلى مشاكل أصغر وأبسط من الحاجة إلى الاهتمام بالبناء المادي للنظام.

(2) سهولة التعديل في المستقبل - حيث عند استخدام التقنيات توثيقاً شاملاً للنظام المطور مما يمكن عند الحاجة في المستقبل من تعديل وصياغته بسهولة وييسر.

(3) تسمح بالوصول إلى الحلول الأفضل - والتي تسمح هذه التقنيات للمصمم لتطوير النموذج المنطقي للنظام المطور من الحاجة إلى الاهتمام بالبناء المادي للنظام.

صفات مهمة في التقنيات المستخدمة في تحليل وتصميم نظم المعلومات

أ. ملائمة وسائل العرض للتعبير عن محتوى النظام.

ب. استقلالية هذه التقنيات عن التطورات الفنية والعلمية في تقنيات المعلومات والاتصالات.

ج. بساطة وسائل العرض.

د. إمكانية استخدامها في عمليات توصيف كافة النظم والتطبيقات.

مخطط تدفق البيانات المفيدة في تحليل النظم

(1) **الرموز التصويرية المستخدمة** - حيث يتم تصميم المخططات التدفقية للبيانات باستخدام أربعة عناصر مهمة وهي مصدر البيانات ومقصدها، وهي عبارة عن أشخاص أو قام الذين يتفاعلون مع النظام القائم كمنتجين للبيانات اللازمة لتشغيل النظام. وتشمل خط تسير البيانات من مصادرها البيانات إلى مخزن البيانات فإنها يجب أن تمر من خلال أحد إجراءات المعالجة، أما المعالجة فهي سلسلة من العمليات التي تجري على البيانات أثناء تدفقها خلال النظام يمكن أن تكون لعمليات المعالجة بسيطة أو مركبة.

(2) **الخطوط العامة لتصميم ورسم مخطط تدفق البيانات** - حيث لا يوجد طريقة أمثل لتطوير ورسم مخططات تدفق البيانات لأن طريقة إعداد الخطط تعتمد على طبيعة المشكلة المعالجة. وتشمل على رسم المخطط الهرمي لوظائف النظام لتحديد مستويات مخطط تدفق البيانات، ومن ثم وضع قائمة بكل عملياته، وترتيب عملياته في مجموعة متسلسلة حسب مستواها في المخطط الهرمي، ورسم مجموعة مستويات المخطط، وانسجام ذلك مع طبيعة اللغة العربية وخلافاً للمخططات اللاتينية توضع مصادر البيانات على يمين المخطط ومقاصدها على يسار المخطط.

(3) **مستويات مخططات تدفق البيانات** - بحيث يضع المصمم مخطط تدفق بيانات دلالي الذي يتضمن كل مصادر البيانات ومقاصدها وعملية معالجة واحدة تشير إلى النظام بشكل عام والذي يمثل المستوى الدلالي لمخطط تدفق البيانات لنظام التأجير.

أ. **مراحل تصميم مخططات تدفق البيانات** - حيث تمر عملية إعداد مخططات تدفق البيانات في شكل مراحل هي:

ب. رسم حدود النظام - حيث يقوم المصمم بتحديد مخرجات النظام ومدخلاته وأساليب المعالجة التي تتضمن الوصول إلى المخرجات مع التركيز على تحليل سير بيانات النظام.

ج. تحديد مجرى سير البيانات - والتي يركز المحلل في هذه الخطوة على خط سير البيانات والعلاقات لمعرفة كيفية عمل النظام القائم.

د. تجزئ المخطط إلى مستويات تفصيلية.

ه. تعليم عناصر مخطط التدفقات البيانات.

الفصل السادس

جــودة المعلومات المحاسبيــــة

جودة المعلومات المحاسبية

مفاهيم جودة المعلومات المحاسبية:

ويؤدي التركيز على أهمية القوائم المالية كمصدر أساسي من مصادر المعلومات المفيدة لاتخاذ القرارات إلى قاعدة عامة لتقييم الطرق المحاسبية البديلة والاختيار من بين الأساليب المتاحة للإفصاح. وطالما أن هناك مجالا للمفاضلة بين طرق المحاسبة وأساليب الإفصاح فإنه يجب اختيار طريقة المحاسبة أو أسلوب الإفصاح الذي يتيح أعظم المعلومات فائدة لمساعدة المستفيدين الخارجيين الرئيسيين على اتخاذ قراراتهم.

ولا يعتبر مجرد إسداء النصح باختيار طريقة المعالجة المحاسبية أو أسلوب الإفصاح على أساس منفعة المعلومات الناتجة في اتخاذ القرارات إرشادا كافيا لمن يتحملون مسؤولية ذلك الاختيار. وإنما يجب تحديد وتعريف الخصائص التي تجعل هذه المعلومات مفيدة في اتخاذ القرارات ، وفيما يلي بيان هذه الخصائص :

أ - الملائمة.

ب- أمانة المعلومات وإمكان الثقة بها أو الاعتماد عليها.

ج- حيدة المعلومات.

د- قابلية المعلومات للمقارنة.

هـ- التوقيت الملائم.

و - قابلية المعلومات للفهم..

ز - الأهمية النسبية والإفصاح الأمثل.

(أ) الملائمة :

يقصد بالملائمة وجود علاقة وثيقة بين المعلومات المستمدة من المحاسبة المالية والأغراض التي تعد من أجلها. ولكي تكون هذه المعلومات مفيدة يجب أن تكون ذات علاقة وثيقة باتخاذ قرار أو أكثر من القرارات التي يتخذها من يستخدمون تلك المعلومات ، ومن ثم يمكن صياغة تعريف محدد لمفهوم المعلومات الملائمة على الوجه الآتي :

تعتبر المعلومات ملائمة ـ أو ذات علاقة وثيقة بقرار معين ـ إذا كانت تساعد من يتخذ ذلك القرار على تقييم محصلة إحدى البدائل التي يتعلق بها القرار ، شريطة توافر الخصائص الأخرى التي تتسم بها المعلومات المفيدة.

ويواجه المستفيدون الخارجيون الرئيسيون للقوائم المالية عدة بدائل. وتتعلق بعض هذه البدائل بوحدة محاسبية معينة بينما يتعلق بعضها الآخر بوحدات أخرى. ومن الواضح أن المعلومات المستمدة من المحاسبة ترتبط بوحدة معينة ذاتها. وبالتالي يقتصر مدى ملاءمة هذه المعلومات على البدائل التي ترتبط بتلك الوحدة دون غيرها. ومعنى ذلك أنه ليس من المتوقع مثلا أن يجد المستثمر في القوائم المالية للوحدة المحاسبية التي يمتلك فيها جزءا من حقوق الملكية معلومات تساعده على تقييم محصلة بيع حصته في تلك الوحدة، فلابد من عطاء يقدمه شخص راغب في الشراء لتقييم محصلة هذا البديل، كما أنه لا يتوقع أن يجد في القوائم المشار إليها ما يساعده على تقييم محصلة استثمار أمواله في وحدات أخرى، فلابد من دراسة القوائم المالية لتلك الوحدات لتقييم محصلة هذا البديل. ولهذا السبب فإن بيان أهداف المحاسبة المالية في الأردن مثلاً كدولة عربية قد انتهى إلى نتيجة مؤداها أن دور القوائم المالية لوحدة محاسبية معينة يجب أن يرتبط ارتباطا وثيقا بتقييم محصلة استمرار المستفيدين الخارجيين

الرئيسيين في علاقاتهم مع تلك الوحدة أو تكوين علاقة معها. وعلى هذا الأساس يمكن صياغة تعريف أكثر تحديدا لمفهوم الملاءمة :

"تعتبر المعلومات ملائمة أو ذات علاقة وثيقة بالغرض الذي تعد من أجله إذا كانت تساعد المستفيدين الخارجيين الرئيسيين في تقييم البدائل التي تتعلق بالاحتفاظ بعلاقاتهم الحالية مع الوحدة المحاسبية ، أو تكوين علاقات جديدة معها شريطة توافر الخصائص الأخرى التي تتسم بها المعلومات المفيدة".

(ب) **أمانة المعلومات وإمكان الثقة بها أو الاعتماد عليها :**

يفضل من يستخدمون المعلومات المستمدة من المحاسبة المالية أن تكون هذه المعلومات على درجة عالية من الأمانة، إذ أن هذه الخاصية هي التي تبرر ثقتهم في تلك المعلومات كما تبرر إمكان الاعتماد عليها. وتتسم المعلومات المالية الأمينة بالخاصتين الآتيتين:

1) **تصوير المضمون الذي تهدف إلى تقديمه تصويرا دقيقا :**

بحيث تعبر عن الواقع تعبيرا صادقا ، فلابد من وجود توافق وثيق بين تلك المعلومات وبين الواقع. وليست هناك قاعدة عامة لتقييم أسلوب معين من أساليب القياس على أساس هذه الخاصية، وبعبارة أخرى: يتعذر تحديد مدى مطابقة المعلومات المستخرجة وفقا لأسلوب معين من أساليب القياس للواقع، فلابد من معرفة الظروف التي تحيط بكل حالة قبل تقدير مدى الاعتماد على الأسلوب المستخدم للقياس في تلك الحالة بالذات. كما يلاحظ أن أمانة المعلومات وإمكان الاعتماد عليها ليست مرادفة "للدقة المطلقة" ، لأن المعلومات المستمدة من المحاسبة المالية تنطوي على التقريب والتقديرات الاجتهادية، وإنما يقصد بذلك أن الأسلوب الذي تم اختياره لقياس نتائج عملية معينة أو حدث معين والإفصاح عن تلك النتائج

في ظل الظروف التي أحاطت بتلك العملية أو بذلك الحدث يؤدي إلى معلومات تصور جوهر تلك العملية أو الحدث.

2) **قابلية المعلومات للمراجعة والتحقيق :**

يقصد بذلك أن النتائج التي يتوصل إليها شخص معين باستخدام أساليب معينة للقياس المحاسبي والإفصاح يستطيع أن يتوصل إليها شخص آخر مستقل عن الشخص الأول بتطبيق نفس الأساليب. ومن ثم ، فان المعلومات الأمينة التي يمكن الاعتماد عليها يجب أن تتوافر فيها هذه الخاصية بحيث يمكن التثبت منها وإقامة الدليل على صحتها غير أنه يلاحظ أن القياس المحاسبي والإفصاح لا يمكن أن يتسما بالموضوعية الكاملة لأن قياس المعلومات المالية أو الإفصاح عنها لا يعتبر قياسا علميا كاملا. ويرجع السبب في ذلك إلى أن المادة التي تخضع لهذا القياس لا يمكن تحديدها تحديدا موضوعيا حاسما، فمن المعلوم أن النشاط الذي تزاوله المنشآت لا يخضع للتحليل العلمي كما أن ذلك النشاط لا يتم وفقا لمعادلات رياضية وبالتالي، فإن المعلومات التي تستمد من المحاسبة المالية لا تتصف بأنها في كافة الأحوال معلومات موضوعية بصورة قاطعة، ومع ذلك فإن قابلية هذه المعلومات للتحقيق تؤدي إلى زيادة منفعتها أو بعبارة أخرى إذا كانت أساليب القياس والإفصاح التي استخدمت لاعداد تلك المعلومات من شأنها أن تؤدي إلى نتائج يستطيع التثبت منها أشخاص مستقلون عن الأشخاص الذين قاموا بأعداد تلك النتائج.

وخلاصة القول ، أن خاصية الثقة بالمعلومات وإمكان الاعتماد عليها تعني أن أساليب القياس والإفصاح التي تم اختيارها لاستخراج النتائج وعرضها تعتبر أساليب مناسبة للظروف التي تحيط بها، وأن تطبيق هذه الأساليب قد تم بكيفية تسمح لأشخاص آخرين مستقلين عمن قاموا بتطبيقها في المرة الأولى بإعادة استخدامها

للتثبت من تلك النتائج ، كما تعني هذه الخاصية أن المعلومات التي تم تقديمها تعتبر تصويرا دقيقا لجوهر الأحداث التي تنطوي عليها ، دون أن يعتريها تحريف أو تشوبها أخطاء ذات أهمية يضاف إلى ذلك أن هناك جانبا آخر لهذه الخاصية ، يتمثل في حيدة المعلومات أو خلوها من التحيز.

(جـ) حيدة المعلومات :

حيادية المعلومات أو حيدتها اصطلاح موجب يصف عدم التحيز. وتتداخل هذه الصفة تداخلا واضحا مع أمانة المعلومات لأن المعلومات المتحيزة - بحكم طبيعتها معلومات لا يمكن الثقة بها أو الاعتماد عليها. وتوجه معلومات المحاسبة المالية التي تتصف بالحيدة للوفاء بالاحتياجات المشتركة لمن يستخدمون هذه المعلومات خارج المنشأة دون افتراضات مسبقة عن احتياجات أية مجموعة معينة بالذات إلى تلك المعلومات وتتسم معلومات المحاسبة المالية بأنها معلومات نزيهة خالية من التحيز صوب أية نتائج محددة مسبقا وتضع خاصية حيدة المعلومات واجباً على عاتق المسؤولين عن وضع معايير المحاسبة المالية. كما تضع واجبا على عاتق المسؤولين عن إعداد القوائم المالية ،وذلك فيما يتعلق باتخاذ قرارات منصفة بشأن الاختيار من بين الأساليب البديلة للقياس والإفصاح بحيث يكفل ذلك الاختيار تحقيق هدفين أساسيين هما: تقديم المعلومات ذات العلاقة الوثيقة بالأهداف التي تعد من أجلها، وتحقيق أمانة تلك المعلومات. ويتبين مما تقدم أن خاصية حيدة المعلومات المحاسبية تتطلب ما يأتي:

(أ) أن يرتكز الاختيار من بين بدائل القياس والإفصاح على تقييم فاعلية كل من هذه البدائل في إنتاج المعلومات الملائمة ذات العلاقة الوثيقة وتحقيق أمانتها.

(ب) فيما يتعلق بتطبيق طرق الإفصاح، أو أساليب القياس التي تتطلب الالتجاء إلى التقدير، يجب ألا تعمد إدارة المنشأة إلى المغالاة في هذه التقديرات أو بخسها - بغية تحقيق نتائج معينة ترغب مسبقا في التوصل إليها.

(د) قابلية المعلومات للمقارنة :

تؤدي هذه الخاصية إلى تمكين من يستخدمون معلومات المحاسبة المالية من التعرف على الأوجه الحقيقية للتشابه والاختلاف بين أداء المنشأة وأداء المنشآت الأخرى خلال فترة زمنية معينة ، كما تمكنهم من مقارنة أداء المنشأة نفسها فيما بين الفترات الزمنية المختلفة. وتنشأ أوجه التشابه والاختلاف نتيجة تشابه أو اختلاف الظروف والأحداث التي تتأثر بها المنشآت المختلفة أو الظروف التي تتأثر بها نفس المنشأة خلال الفترات الزمنية المتعاقبة. وجدير بالملاحظة أن أوجه التشابه أو الاختلاف الحقيقية لا تنبع من تشابه أو اختلاف أساليب القياس وطرق الإفصاح. ومن ثم فان معلومات المحاسبة المالية تصبح ذات فائدة أكبر كلما استخدمت أساليب مماثلة للقياس وكلما استخدمت طرق مماثلة للإفصاح عن الأحداث المتشابهة. ورغم أن هناك بعض التداخل فيما بين قابلية المعلومات للمقارنة وبين ملاءمة المعلومات وأمانتها. فإن الجوانب المتعددة للخاصية الأولى تعتبر على قدر كبير من الأهمية في إتاحة معلومات المحاسبة المالية التي يستفيد منها من يستخدمون هذه المعلومات مما يبرر اعتبارها على حدة. ولهذه الخاصية جانبان لكل منهما مغزاه فيما يتعلق بمنفعة المعلومات المستمدة من المحاسبة المالية، وهما:

(أ) إمكان المقارنة بين نتائج المدد المختلفة لنفس الوحدة المحاسبية ونعني بذلك "الثبات أو الاستمرارية" ويمكن إجراء هذه المقارنة إذا توافرت الشروط الآتية:

(1) إمكانية مقارنة ما يحتويه كل رقم بمعنى إمكانية مقارنة البنود المتعددة التي تم تجميعها في مقدار واحد عند عرض النتائج في القوائم المالية، مع مراعاة تجميع نفس البنود في مقدار واحد أيضا من فترة لأخرى.

(2) إمكانية المقارنة بوحدة نقدية متجانسة ، بمعنى أن الوحدات النقدية المستخدمة في أية مجموعة متناسقة من القوائم المالية لفترة زمنية معينة يجب أن تتطابق أو تتماثل مع الوحدات النقدية المستخدمة في القوائم المالية التي تعد في فترة زمنية أخرى، وبالتالي يجب إعادة تصوير القوائم المالية للفترات الزمنية السابقة إذا اختلفت القوة الشرائية بصورة جوهرية للدينار التي استخدمت في إعداد تلك القوائم، وذلك حتى يتسنى إجراء المقارنة بين هذه القوائم على أساس موحد.

(3) إمكانية مقارنة نماذج العرض بمعنى أنه يشترط استخدام نفس النماذج لتقديم المعلومات من فترة لأخرى.

(4) إمكانية مقارنة الفترات الزمنية التي تعد عنها القوائم المالية بمعنى أن تكون هذه الفترات متماثلة.

(5) إمكانية مقارنة طرق القياس وأساليب الإفصاح من فترة زمنية إلى فترة زمنية أخرى بمعنى ثبات هذه الطرق والأساليب أو في حالة تغييرها يتم الإفصاح عن تأثير هذه التغيرات.

(6) الإفصاح عن التغييرات في الظروف التي تؤثر على المنشأة أو في طبيعة الأحداث التي تؤثر على المركز المالي للمنشأة من فترة زمنية إلى فترة زمنية أخرى.

(ب) إمكان المقارنة بين الوحدات المحاسبية المختلفة وخاصة تلك الوحدات ذات الأنشطة المماثلة. ويمكن إجراء هذه المقارنة إذا توافرت الشروط التالية :

(1) الشروط الستة السابقة للمقارنة بين نتائج المدد المختلفة لنفس الوحدة المحاسبية.

(2) إلغاء الطرق البديلة لقياس أو الإفصاح عن الأحداث المماثلة في جوهرها.

(3) الإفصاح عن السياسات المحاسبية المتبعة من قبل الوحدات المحاسبية المختلف.

(هـ) التوقيت الملائم :

يقصد بالتوقيت الملائم ، تقديم المعلومات في حينها بمعنى أنه يجب إتاحة معلومات المحاسبة المالية لمن يستخدمونها عندما يحتاجون إليها. وذلك لأن هذه المعلومات تفقد منفعتها إذا لم تكن متاحة عندما تدعو الحاجة إلى استخدامها، أو إذا تراخى تقديمها فترة طويلة بعد وقوع الأحداث التي تتعلق بها بحيث تفقد فعاليتها في اتخذا قرارات على أساسها. وجدير بالملاحظة أن المعلومات لا تستمد منفعتها من مجرد إتاحتها في الوقت الملائم، فهناك عوامل أخرى إلى جانب ذلك، إلا أن التباطؤ في إتاحة هذه المعلومات يؤدي إلى تقليل منفعتها أو ضياع تلك المنفعة، وللتوقيت الملائم جانبان :

(أ) دورية القوائم المالية بمعنى طول أقصر فترة تعد عنها القوائم المالية. فقد تكون هذه الفترة طويلة نسبيا ، وبالتالي يمكن إتاحة المعلومات التي تتضمنها القوائم المالية في مواعيد دورية متباعدة، أو تكون هذه الفترة قصيرة نسبيا ، وبالتالي يمكن إتاحة هذه المعلومات في مواعيد دورية متقاربة. غير أنه إذا كانت الفترة

الزمنية قصيرة بشكل ملحوظ فإن المعلومات التي تشملها قائمة الدخل قد تتأثر - إلى درجة كبيرة - بالتغيرات الموسمية أو العشوائية التي تتأثر بها أنشطة المنشأة إلى الحد الذي قد تصبح فيه المعلومات مضللة أو غير جديرة بالوقت الذي تستغرقه دراستها.
أما إذا كانت الفترة الزمنية طويلة بشكل ملحوظ فإن على من يستخدم هذه المعلومات أن ينتظر طويلا قبل أن يتمكن من الحصول عليها، وحينئذ قد يتعذر الاستفادة منها في تقييم محصلة البدائل التي تواجهه.

(ب) المدة التي تنقضي بين نهاية الفترة الزمنية التي تعد عنها القوائم المالية وبين تاريخ إصدار تلك التقارير، وإتاحتها للتداول، إذ أنه كلما كان ذلك الفارق الزمني طويلا كلما قلت منفعة المعلومات المالية التي تشملها تلك القوائم.

ويتضح مما تقدم أن تحديد الفترة الزمنية المثلى التي تعد عنها القوائم المالية، والحد الأدنى للفجوة الزمنية التي تفصل بين تلك الفترة وتاريخ إصدار القوائم المالية يعتبران من المعايير الهامة لمنفعة المعلومات المحاسبية، كما يتضح أن هذين المعيارين يرتبطان بوظيفة إعداد القوائم المالية أكثر من ارتباطهما بتجميع بيانات المحاسبة المالية وقياسها.

(هـ) قابلية المعلومات للفهم والاستيعاب :

لا يمكن الاستفادة من المعلومات إذا كانت غير مفهومة لمن يستخدمها، وتتوقف إمكانية فهم المعلومات على طبيعة البيانات التي تحتويها القوائم المالية وكيفية عرضها من ناحية، كما تتوقف على قدرات من يستخدمونها وثقافتهم من ناحية أخرى.
وبالتالي، فإنه يتعين على من يضعون معايير المحاسبة، كما يتعين على من يقومون بأعداد القوائم المالية أن يكونوا على بينة من قدرات من يستخدمون هذه القوائم

وحدود تلك القدرات، وذلك حتى يتسنى تحقيق الاتصال الذي يكفل إبلاغ البيانات التي تشملها تلك القوائم.

إن هذه الخاصية من خصائص المعلومات المفيدة يجب أن تلقي قدرا متساوياً من اهتمام الفريقين المشار إليهما، بمعنى أن من يقومون بوضع معايير المحاسبة عليهم أن يضعوا نصب أعينهم أن هذه المعايير لا توضع لمنفعة من يقومون بإعداد القوائم المالية، وإنما توضع لمنفعة من يستخدمون تلك القوائم لتقييم محصلة البدائل التي تواجههم. ومن ثم فإن قدراتهم وحدود هذه القدرات يجب أن تؤخذ في الاعتبار عند وضع هذه المعايير حكمها في ذلك حكم باقي العوامل الهامة في هذا المجال وبالمثل، فإن من يقومون بإعداد القوائم المالية عليهم أن يضعوا نصب أعينهم أن هذه القوائم لا تعد لمنفعة المحاسبين الآخرين ، وإنما تعد لمنفعة من يستخدمونها خارج المنشأة ، وأن هؤلاء قد لا تكون لديهم سوى معرفة محدودة بالمحاسبة المالية ، وربما كانوا يفتقرون تماما إلى مثل هذه المعرفة، ومن ثم يجب أن يؤخذ ذلك في الاعتبار عند تصميم نماذج القوائم المالية وعند صياغة الإيضاحات التي ترفق بها.

وبناء على ما تقدم فان الإجراءات الآتية تسهم في إمكانية فهم معلومات المحاسبة المالية واستيعابها: تصنيف البيانات في مجموعات ذات مغزى لمن يستخدمون القوائم المالية وليس للمحاسبين وحدهم ، الاستعانة بعناوين واضحة المعنى سهلة الفهم. وضع البيانات المترابطة مقابل بعضها البعض، تقديم الأرقام الدالة على المؤشرات التي يرغب من يستخدمون هذه القوائم عادة في معرفتها.

(ز) الأهمية النسبية والإفصاح العام الأمثل :

يرتبط هذان المفهومان ببعضهما ، كما أنهما يرتبطان معا بمفهومي الملائمة وأمانة المعلومات. ويرجع السبب في ارتباط الأهمية النسبية بالإفصاح الأمثل إلى أن

المعلومات الهامة يتعين الإفصاح عنها، كما أن المعلومات التي لا يتم الإفصاح عنها يفترض مسبقا إنها غير هامة.

أما السبب في ارتباط مفهومي الأهمية النسبية والإفصاح الأمثل معا بمفهوم الملائمة فيرجع إلى أن المعلومات التي ليست لها علاقة وثيقة بأهداف القوائم المالية تعتبر بطبيعتها معلومات غير هامة، وبالتالي ليس هناك ما يدعو إلى الإفصاح عنها.

وبالمثل ، فإن الأهمية النسبية والإفصاح الأمثل يرتبطان معا بمفهوم أمانة المعلومات وإمكان الاعتماد عليها ، وذلك على أساس أن القوائم المالية التي يمكن الاعتماد عليها يجب أن تفصح عن كافة المعلومات ذات الأهمية النسبية. وكثيرا ما تنطوي المحاسبة المالية باعتبارها وسيلة قياس وإيصال على تقديرات اجتهادية تعتمد إلى حد كبير على تقييم مستوى الأهمية. وجدير بالملاحظة أن مستوى الأهمية في المحاسبة المالية مسألة نسبية تعتمد على خصائص كمية وخصائص نوعية، أو على خليط منهما معا. وبصفة عامة يعتبر البند ذا أهمية نسبية إذا أدى حذفه أو عدم الإفصاح عنه أو عرضه بصورة غير صحيحة إلى تحريف المعلومات التي تشملها القوائم المالية على نحو يؤثر على من يستخدمون هذه القوائم عند تقييم البدائل أو اتخاذ القرارات.

وتستلزم خاصية الأهمية النسبية توجيه الاهتمام إلى من يستخدمون القوائم المالية، والتعرف على ما يحتاجونه من المعلومات. وقد حدد بيان أهداف المحاسبة المالية المستفيدين الرئيسيين للقوائم المالية واحتياجاتهم المشتركة من المعلومات. وفي ضوء ما جاء بذلك البيان يعتبر البند ذا أهمية نسبية إذا أدى حذفه أو عدم الإفصاح عنه أو عرضه بصورة غير صحيحة إلى تشويه المعلومات التي تشملها القوائم المالية مما يؤدي إلى التأثير على تقييم المستفيدين الخارجيين الرئيسيين للنتائج التي تترتب على الاحتفاظ بعلاقاتهم الحالية مع الوحدة المحاسبية أو تكوين علاقات جديدة مع تلك الوحدة.

ولكي يتسنى تحديد الأهمية النسبية لبند معين يجب أن تؤخذ طبيعة ذلك البند وقيمته في الاعتبار، ومن المعتاد أن يتم تقييم هذين العاملين معا ، غير أن أحدهما قد يكون هو العامل الحاسم في ظروف معينة، وتتمثل الخصائص النوعية التي تتسم بها طبيعة البند فيما يلي:

(أ) الأهمية الأساسية للعملية، أو الحدث، أو الظروف التي تعكس البند سواء كانت غير عادية أو غير متوقعة ، أو غير ملاءمة، أو مخالفة للنظام الأساسي للمنشأة.

(ب) الأهمية الأساسية للبند كمؤشر للمسار الذي يحتمل أن تسلكه الأحداث المقبلة سواء كان ذلك في صورة أنشطة جديدة، أو إدخال تغييرات جوهرية على الأنشطة القائمة، أو تعديل أساليب تأدية الأعمال التي تزاولها المنشأة.

وتتمثل الخصائص الكمية التي يتسم بها البند أي قيمة البند أو مقداره فيما يلي:

(أ) مقدار البند منسوبا إلى التوقعات العادية.

(ب) حجم البند منسوبا إلى أساس ملائم ، ومن أمثلة ذلك فيما يتعلق بقائمة الدخل: نسبة كل بند من البنود التي تشملها هذه القائمة إلى الدخل من التشغيل للسنة الجارية، أو نسبة كل من هذه البنود إلى متوسط الدخل من التشغيل للسنوات الخمس الماضية (بما فيها السنة الجارية). وفيما يتعلق بقائمة المركز المالي: نسبة كل بند من البنود التي تشملها هذه القائمة إلى حقوق أصحاب رأس المال، أو نسبة كل من هذه البنود إلى إجمالي المجموعة التي يقع فيها ذلك البند كمجموعة الأصول المتداولة، أو مجموعة الخصوم طويلة الأجل.

ويسهم الإفصاح الأمثل في زيادة منفعة معلومات المحاسبة المالية، ومن ثم فإن القوائم المالية يجب أن تكشف عن كافة المعلومات التي تجعلها غير مضللة، ولكن ينبغي أن يتركز الإفصاح في التأكيد على المعلومات التي يتعين إبرازها بصورة خاصة (وهي المعلومات الملائمة ذات الأهمية النسبية).

وهناك جانبان للإفصاح الأمثل هما: التجميع الأمثل للبنود، وإضفاء الشرح الأمثل على البيانات، وبقدر ما يتعلق الأمر بالتجميع الأمثل للمفردات في مجموعات ملائمة ، يجب أن تشتمل القوائم المالية على التفاصيل التي تكفي لتزويد من يستخدمونها بالمعلومات المطلوبة عن الأنواع المختلفة من الأصول والخصوم ، وحقوق أصحاب رأس المال ، والإيرادات ، والمصروفات ، والمكاسب ، والخسائر ، والتدفق النقدي. غير أن التفاصيل التي تزيد عن الحد الملائم قد تؤدي إلى ارباك من يستخدم هذه القوائم، إذ أنه يحتاج إلى دراسة قدر كبير من البيانات التفصيلية لكي يستخلص منها المعلومات الأساسية التي يحتاجها، وفضلاً عن ذلك فإنه لا ينبغي أن تظهر البنود غير الهامة كمفردات مستقلة حتى لا يؤدي الإفراط في سرد التفاصيل إلى إغفال البيانات الهامة.

وفيما يتعلق بالشرح الأمثل للبيانات، يجب إضافة شرح تكميلي للعناوين الرئيسية، والفرعية والقيم المالية التي تشملها القوائم بما يكفل توضيح كل منها، كما يجب تفادي وضع المعلومات الهامة في خضم من التفاصيل الضئيلة الأهمية. هذا ، وتعتبر الإيضاحات التي تلحق بالقوائم المالية ضرورية لشرح وجهة نظر الإدارة ، كما تعتبر ضرورية لشرح حدود استخدامات هذه القوائم ، إلا أن هذه البيانات قد تكون مطولة أو مقتضبة بدرجة تتناقض مع الإفصاح الأمثل، ويتوقف ذلك جزئيا على قدرات من يستخدمون القوائم المالية.

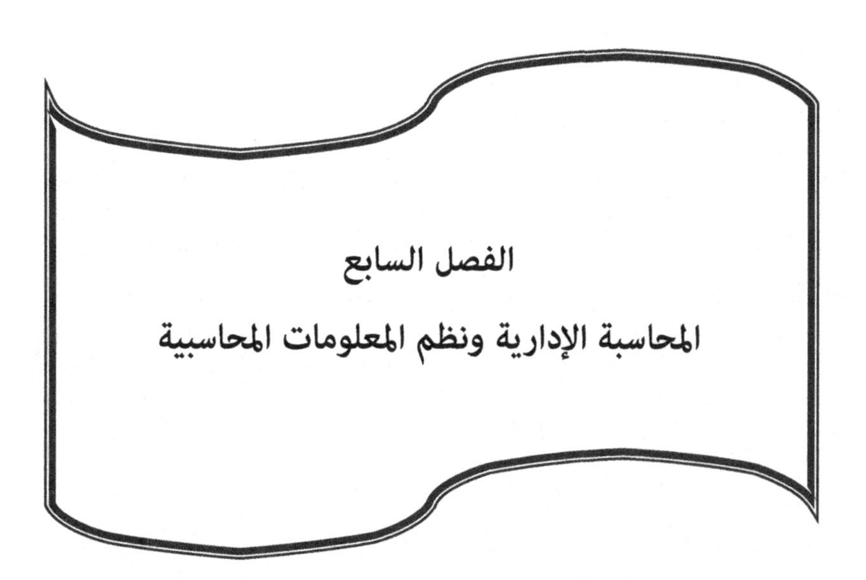

الفصل السابع

المحاسبة الإدارية ونظم المعلومات المحاسبية

المحاسبة الإدارية ونظم المعلومات المحاسبية

التعريف بالمحاسبة الإدارية:

تعتبر من أهم العناصر المكونة لنظام المعلومات الإدارية في المشروع، فهذا النظام يوفر المعلومات المالية والاقتصادية، ويتولى تجميع المعلومات الأخرى المتولدة من نظم المعلومات الفرعية الأخرى في المشروع والمتعلقة بالعمالة، الإنتاج، التسويق، المخزون، البحوث.

والغرض الأساسي من هذه العمليات التي يقوم بها نظام المحاسبة الإدارية، هو إعداد التقارير التي تحتوي على معلومات لازمة للتخطيط والرقابة.

يمكن تعريف المحاسبة الإدارية، على انه نظام للمعلومات يختص بتجميع وتحليل وتبويب وتخزين بيانات أساسية أو معلومات ناتجة من نظم أخرى فرعية للمعلومات في المنشاة لغرض إنتاج معلومات ذات طابع كمي مالية أو غير مالية، تقدم إلى الإدارة العليا لاستخدامها في مجال التخطيط واتخاذ القرارات والرقابة على تنفيذ الخطط.

تقوم المحاسبة الإدارية بثلاث ادوار وهي:

(1) توجيه الانتباه للمعلومات المحاسبية المناسبة لوضع الخطط واتخاذ القرار.

(2) الحكم على فعالية اتخاذ القرار .

(3) المساعدة في حل المشاكل التي تنشا عندما لا تكون النتائج الفعلية مطابقة للنتائج المخططة.

أساليب المحاسبة الإدارية التي تعتمد على تركيز الإدارة الداخلي والخارجي:

(1) التركيز الداخلي للإدارة والتركيز الخارجي للإدارة.

(2) للمحاسب الإدارية منظور تاريخي، تعد التقارير طبقا للنتائج التاريخية. تحتوي المحاسبة الإدارية على عنصر تقويم النتائج المتوقعة للاستراتيجيات المختلفة.

(3) تركيز المحاسبة الإدارية على الوحدة المحاسبية. تجمع المحاسبة الإدارية المعلومات عن الوحدة المحاسبية في ظل سياق الوحدات الأخرى لنفس القطاع الصناعي.

(4) تركيز المحاسبة الإدارية في إعداد التقارير على فترة زمنية واحدة. تجمع المحاسبة الإدارية الناتج عن فترة زمنية واحدة ولكن ضمن التحليل طويل الأجل.

(5) توجه تقارير المحاسبة الإدارية لموضوع واحد لاتخاذ القرارات. توجه المحاسبة الإدارية الانتباه إلى تبعات ونماذج اتخاذ القرارات.

(6) توجه المحاسبة الإدارية الانتباه إلى النتائج الصناعية او الخدمية للنشاط الخاص بشركة معينة.

(7) توجيه المحاسبة الإدارية الانتباه إلى المنافسة المتعلقة بنشاط الصناعة او الخدمات.

أنواع المعلومات التي ينتجها نظام المحاسبة الإدارية:

يمكن تصنيف المعلومات التي ينتجها نظام المحاسبة الإدارية في المشروع إلى الأنواع التالية:

- معلومات تخطيطية .
- معلومات للرقابة التشغيلية.
- معلومات للرقابة الإدارية.

• معلومات للرقابة المالية.

أولا:المعلومات التخطيطية:

يسهم نظام المحاسبة الإدارية في المنشاة في إنتاج معلومات ضرورية للنواحي التالية:

(أ) تخطيط أهداف الشركة.

(ب) تقدير الطلب على منتجات الشركة.

(ج) تخطيط الحصول على الموارد والطاقات الإنتاجية اللازمة لغرض الوفاء بالطلب المتوقع على منتجات الشركة.

(ا) معلومات لوضع الأهداف:

إن عملية أو تحديد أهداف الشركة، كذلك السياسات التي سوف تتبع لغرض تحقيق هذه الأهداف، تسمى (التخطيط الاستراتيجي). تتطلب هذه العملية نوعين من المعلومات:

الأولى معلومات خارجية، تتعلق بالمتغيرات البيئية المتوقعة من حيث القوانين والمتطلبات التي تفرض على المنشاة، الثانية معلومات داخلية تكشف نواحي القوة والضعف في المنشاة.

التخطيط الاستراتيجي مسمى لعملية تنفيذ الأهداف بعيدة المدى للتنظيم، ويتحقق التخطيط الاستراتيجي في أي تنظيم على مرحلتين هما:

(1) تحديد المنتجات الواجب إنتاجها أو الخدمات الواجب تقديمها.

(2) تحديد النشاط التسويقي و/أو الإنتاجي المطلوبة لتقديم السلع أو الخدمات للمستفيدين، تتفرع من التخطيط الاستراتيجي مجموعة من الاستراتيجيات

الفرعية تسمى سياسات التنظيم، تسمى عملية التخطيط الاستراتيجي بعملية وضع السياساتstrategy setting policy product.

(ب)معلومات عن الطلب على منتجات المنشاة:

يسهم نظام المحاسبة الإدارية مع نظام المعلومات التسويقية في التعرف على وتقييم المحددات الرئيسية للطلب أو العوامل تؤثر على مستقبل منتجات المنشاة.

(ج)معلومات عن الإمكانيات الإنتاجية المتاحة:

تستلزم عملية تخطيط الإنتاج ضرورة توافر معلومات عن عناصر الإنتاج المختلفة من حيث ما هو موجود منها حاليا لدى المنشاة، ومصادر الحصول على كميات إضافية منها، وهل يوجد حد أقصى لهذه الكميات. ولهذا فمن الضروري أن يقدم نظام المحاسبة الإدارية تقارير تتضمن معلومات عن:

- الموارد الإنتاجية الثابتة.
- الموارد الجارية.
- الموارد المالية المختلفة.

(د)معلومات لإعداد الموازنات التخطيطية:

على ضوء الأهداف الاستراتيجية التي حددتها الإدارة، تقديرات الطلب على منتجات الشركة، تقوم الإدارة العليا باتخاذ القرار الخاص بتحديد التشكيلة المثلي من المنتجات التي تعرضها للبيع، بحيث تتحقق الأهداف المنشودة.

ويتم ترجمة الأهداف وقرارات الإنتاج والمبيعات إلى صورة تشغيلية، تتضمن التفاصيل المختلفة من حيث نوع العمل المطلوب تنفيذه، الكمية، درجة الجودة، التوقيت.

يقوم نظام المحاسبة الإدارية في المنشاة بإنتاج المعلومات اللازمة لإعداد الموازنات التالية:

1. موازنة المبيعات.
2. موازنة الإنتاج.
3. موازنة التكاليف.
4. موازنة المصروفات البيعية والإدارية.
5. موازنة نفقات البحوث و الابتكارات.
6. موازنة الأرباح.
7. الموازنة الاستثمارية.
8. الموازنة النقدية.

ثانيا:المعلومات اللازمة للرقابة التشغيلية:

يتم بعد وضع الخطط التشغيلية إصدار التعليمات إلى المستويات الإدارية التنفيذية للقيام بالمهام المحددة في هذه الخطط.

ثالثا:المعلومات اللازمة للرقابة الإدارية:

إن الهدف من الرقابة الإدارية هو تقييم الأداء الإداري على مستوى المنشاة كلها، وعلى مستوى مراكز المسؤولية(المديرين التنفيذيين)، ذلك في نهاية كل فترة تشغيلية، يتطلب ذلك قياس الأداء ألف على ومقارنته مع الأداء المخطط، وقياس مدى النجاح في تحقيق الأهداف الموضوعية لكل مركز من مراكز المسئولية في المنشاة.

تقارير الأداء للرقابة الإدارية يتم إعدادها على فترات دورية منتظمة على عكس تقارير الرقابة التشغيلية فهي تقارير فورية، يمكن إن يسهم نظام المحاسبة الإدارية في

عملية الأداء الإداري بإعداد ورفع التقارير اللازمة لهذا الغرض إلى الإدارة العليا في المنشاة، تسمى هذه التقارير بـ(تقارير الأداء الإداري).

المحاسبة الإدارية ووظائف الإدارة:

كما سبق وذكرنا، فإن المحاسبة الإدارية تساعد الإدارة في مجال التخطيط و الرقابة واتخاذ القرارات، ومن المعروف أن التخطيط يتضمن تحديد الأهداف المطلوب تحقيقها، ووسائل تحقيق تلك الأهداف. فالإدارة لا تحدد فقط ما هو مطلوب تحقيقه خلال الفترة القادمة، بل يجب أيضا أن تحدد كيفية تحقيق هذه الغايات، وذلك لكل مستوى إداري بالمنشاة. فإدارة المشروع تقوم بوضع الأهداف العامة، وهي أهداف طويلة الأجل يطلق عليها الأهداف أو الخطط الاستراتيجية والتي تحدد الإطار العام للأنشطة المختلفة. وبناء على هذه الأهداف العامة يتم وضع خطط تنفيذية لتحقيق هذه الأهداف طويلة الأجل. وهذه الخطط التنفيذية تغطي فتره زمنية قصيرة، تبلغ في العادات سنة كاملة، وتتضمن تفصيلات كاملة لما هو مطلوب تحقيقه في كل مستوى إداري. ويعتمد نجاح الخطة العامة للمنشأة على نجاح الخطط الفرعية التنفيذية لكل قسم أو قطاع، ويجب أن يكون هناك تنسيق كامل بين الخطط الفرعية والخطة العامة للمنشأة. ويقع على المحاسب الإداري عبء توفير البيانات والمعلومات التي تساعد الإدارة في تحقيق فعالية التخطيط. والأداة التي يستخدمها المحاسب الإداري لمساعدة الإدارة في تحقيق فعالية التخطيط تتمثل في الموازنات التقديرية budgets فالموازنات الرئيسية master budget ، والتي تتضمن الموازنات التشغيلية ، تمد الإدارة بيانات شاملة عن الخطط التشغيلية للعمليات الخاصة بالمبيعات و المشتريات و التمويل ، كما أن موازنات الإنفاق الاستثماري budgeting capital تمد الإدارة بالمعلومات التي تساعدها في تخطيط الإنفاق الاستثماري طويل الأجل والخاص بشراء و إحلال

الأصول طويلة الأجل . بعد تحديد الأهداف المرغوبة ووضع الخطط لتحقيق هذه الأهداف، تقوم المستويات الإدارية المختلفة بتنفيذ هذه الخطط، ويقع على الإدارة عبء متابعة تنفيذ هذه الخطط للتأكيد من أنها تنفذ وفقا لما هو متوقع لضمان تحقيق الأهداف. وهذا ما يعرف باسم الرقابة control على تنفيذ الخطط التي تم وضعها مقدما . وفي حقيقة الأمر تتضمن عملية الرقابة أربع خطوات:

(1) تنفيذ الخطط التي وضعت مقدما.

(2) متابعة تنفيذ تلك الخطط.

(3) تحديد المهام التي يجب القيام بها.

(4) القيام بأي أعمال تصحيحية لضمان تنفيذ الخطط وتحقيق أهدافها.

يتمثل دور المحاسب الإداري في مجال الرقابة عن طريق مد الإدارة بتقارير الأداء performance reports والتي تعكس نتائج التشغيل، ومقارنة النتائج الفعلية مع الخطط الموضوعة مقدما، تحديد أي اختلافات (انحرافات) بينها.

من المبادئ الهامة المرتبطة بعملية المراقبة مبدأ الإدارة باستثناءman agement exception .

تجدر الإشارة أن الانحرافات بين الأداء الف على والأداء المخطط قد تكون ملائمة أو غير ملائمة، هذا لا يعني أننا نقوم بمراجعة الانحرافات غير الملائمة فقط، على أساس إن الانحرافات الملائمة تكون في صالح المنشاة (أو القسم). فالانحرافات الملائمة الجوهرية تتطلب درجة من الاهتمام تعادل الانحرافات غير الملائمة الجوهرية، فقد تكشف مراجعة الانحرافات الملائمة عن وجود بعض المزايا أو الأساليب التي يمكن أن تستخدم لتحسين الأداء، تخفيض التكاليف التي لم تؤخذ في الاعتبار عند

وضع الخطط، مما يتطلب ضرورة تعديل الخطط مستقبلا للأخذ في الاعتبار تلك المعلومات التي أظهرها تحليل ومراجعة الانحرافات الملائمة.

أهداف المحاسبة الإدارية

تهدف المحاسبة الإدارية إلى توفير المعلومات للأغراض التالية :

(1) اتخاذ القرارات المتعلقة باستخدام الموارد المحدودة .

(2) توجيه ورقابة موارد المنشأة البشرية والمادية بصورة فعالة .

(3) إعداد التقارير عن حماية موارد المنشأة .

(4) الرقابة على أداء الدور أو الوظيفة الاجتماعية للمنشأة .

علاقة المحاسبة الإدارية بفروع المحاسبة

ترتبط المحاسبة الإدارية بكل من المحاسبة المالية ومحاسبة التكاليف حيث تستمد من المحاسبة المالية البيانات التاريخية التي تعد جزء من البيانات التي تعتمد عليها في الوصول إلى المعلومات وذلك بالإضافة إلى البيانات الحديثة والمتوقعة بما يمكن المحاسب الإدارى من القيام بعمله في إجراء المقارنات والوصول إلى المعلومة التي يمكن عرضها على متخذ القرار في المستويات الإدارية المختلفة والتى تساعده بدورها على تحديد الرؤية السليمة ومن ثم اتخاذ القرار الذي يعتقد أنه الأصوب (حيث أن البيانات التي يتم جمعها عن الحالة المستقبلة يشوبها نسبة من عدم التأكد ومن ثم نقول أنه من المتوقع أن يكون الناتج كذا ....)

كذلك ترتبط المحاسبة الإدارية إرتباط وثيق بمحاسبة التكاليف حيث يتم عن طريق محاسبة التكاليف دراسة عناصر التكاليف ومدى إرتباط كل عنصر بالتغيرات المختلفة مثل تغير السعر أو الكمية أو أى ظروف اقتصادية أخرى وبناء على دراسة

هذه العناصر يتم تحديد التكلفة والعائد لكل بديل من البدائل المتاحة ومن ثم المقاضلة بينهما .

ومع هذا الارتباط بين المحاسبة الإدارية وكل من المحاسبة المالية ومحاسبة التكاليف إلا أنه يوجد اختلافات بين المحاسبة الإدارية وكل منهما أوجزها فيما يلي أوجه الاختلاف بين المحاسبة الإدارية والمحاسبة المالية .

تختلف المحاسبة الإدارية عن المحاسبة المالية في النواحي الآتية :

(1) ان المحاسبة الإدارية لا تحكمها المبادئ المحاسبية المتعارف عليها وذلك بعكس المحاسبة المالية التي تحكمها مبادئ محاسبية متعارف عليها كمبدأ التكلفة التاريخية وعيره ، ويرجع ذلك إلى أن المحاسبة المالية تخدم أطراف خارج المنشأة، ويهم هذه الأطراف التأكد من أن القوائم المالية قد أعدت وفقا للمبادئ المحاسبية المتعارف عليها .

أما بالنسبة للمحاسبة الإدارية فإن الاعتبار الأساسى هو توفير معلومات ملائمة للغرض الذي أعدت من أجله بغض النظر عما إذا كانت هذه المعلومات قد أعدت وفقا لمبادئ محاسبية متعارف عليها أم لا ، وعلى ذلك فقد يتم تقويم الأصول الثابتة في المحاسبة الإدارية وفقا لقيمتها الجارية بغض النظر عن تكلفتها التاريخية وذلك تطبيقا لمفهوم تكلفة الفرصة البديلة .

(2) تهتم المحاسبة الإدارية بتوفير المعلومات الملائمة لمساعدة الإدارة في مجالات التخطيط والرقابة واتخاذ القرارات ، وقد تكون هذه المعلومات مالية وغير مالية ، وقد تتعلق المعلومات بالماضي أو الحاضر أو المستقبل .

وذلك بعكس المحاسبة المالية التي تهتم بالعمليات المالية فقط ، هذا بالإضافة إلى أن معلومات المحاسبية المالية معلومات تاريخية تتعلق بالماضي ، فالقوائم المالية التي تنتج عن المحاسبة المالية وأهمها قائمة الدخل وهى توضح نتيجة الأعمال عن فترة مالية ماضية ، وقائمة المركز المالي التي تعكس المركز المالي في نهاية الفترة .

(3) تركز المحاسبة الإدارية أساسا على قطاعات المنشأة المختلفة من منتجات أو أقسام أو مصانع أو مراكز مسئولية مختلفة ، بالإضافة إلى تركيزها على المنشأة ككل ، أما المحاسبة المالية فهي محاسبة إجمالية بالمنشأة ككل ، حيث تعبر قائمة الدخل وقائمة المركز المالي في المحاسبة المالية عن نتيجة الأعمال والمركز المالي للمنشأة ككل .

(4) قد تكون المعلومات التي توفرها المحاسبة الإدارية أقل دقة من المعلومات إلى توفرها المحاسبة المالية حيث تحتاج الإدارة إلى معلومات سريعة ، وبالتالي قد تضحى ببعض الدقة في سبيل الحصول على المعلومات بالسرعة المطلوبة . وهذا لا يعنى أن المحاسبة الإدارية توفر معلومات غير دقيقة ، كما لا يعنى أن معلومات المحاسبة المالية دقيقة بصورة مطلقة إلا أنه يمكن القول أن معلومات المحاسبة المالية أكثر دقة .

(5) المحاسبة المالية إجبارية وفقا للتشريعات في معظم دول العالم وذلك لأغراض الضرائب وتوفير المعلومات للأطراف الخارجية ، أما المحاسبة الإدارية فهي اختيارية تتوقف على وعى الإدارة بأهمية وقيمة المعلومات التي يوفرها نظام المحاسبة الإدارية كأداة مساعدة في أغراض التخطيط والرقابة واتخاذ القرارات.

(6) يتم إعداد تقارير المحاسبة المالية غالبا عن سنة مالية ، وعلى الرغم من أنه قد تعد تقارير عن فترات ربع سنوية ، إلا أن تقارير المحاسبة الإدارية تعد عن فترات

أقصر، فقد تعد شهريا أو أسبوعيا أو يوميا وعلى سبيل المثال فإن تقارير الأداء في نظام محاسبة المسؤوليات غالبا ما تعد شهريا .

(7) تعتبر ملائمة المعلومات للغرض الذي أعدت من أجله ذات أهمية رئيسية في المحاسبة الإدارية ، بينما تعتبر اعتبارات الموضوعية ذات أهمية ثانوية ، بينما في المحاسبة المالية تعتبر اعتبارات الموضوعية أمرا رئيسيا واعتبارات الملائمة أمرا ثانويا

(8) تعتبر المعلومات التي توفرها المحاسبة الإدارية وسيلة وليست غاية ، حيث أن الهدف من معلومات المحاسبة الإدارية هو خدمة أغراض التخطيط والرقابة بينما المحاسبة المالية تهدف إلى إنتاج القوائم المالية لخدمة الأطراف الخارجية ، وبمجرد إعداد هذه القوائم ينتهي دور المحاسبة المالية .

أثر تقنية المعلومات على المحاسبة الإدارية:

(1) اللامركزية المعلومات المحاسبية:

جعلت نظم المعلومات المدمجة من السهل الحصول على المعلومات لجميع المسؤولين في مختلف المستويات الإدارية دون الرجوع إلى المحاسبين أو أقسام المحاسبة, وقد أدى ذلك إلى لامركزية المعلومات، حيث أن المعلومات مثل الموازنات التقديرية والفعلية والانحرافات أصبحت في متناول يد جميع المسؤولين, بعد أن كانت مركزية أي لدى المحاسبين الإداريين الذين كان من أهم أدوارهم هو إعداد هذه المعلومات وتقديمها للمدراء, فالتقدم في تقنية المعلومات أخذ كثيراً من المهام الروتينية التي كان يقوم بها المحاسب الإداري, حيث أصبح الأمر بالنسبة للمحاسبين مجرد إدخال قيود اليومية التي تثبت الأحداث المالية ودورهم لا يتعدى المتابعة لمخرجات نظم المعلومات بدلاً من دورهم السابق وهو تشغيل هذه النظم.

من ناحية ثانية نتج عن لامركزية المعلومات المحاسبية تحميل المدراء مسؤولية إدارة التكاليف التي كانت من مسؤوليات المحاسبين, فإدارة التكاليف أصبحت جزءاً من المهام الإدارية ,ويعني ذلك أن كل وحدة إدارية بحاجة إلى من يفهم محاسبة التكاليف وتحليل الانحرافات والتقارير المالية ذات العلاقة, فقد يقوم بهذا الدور المدراء إذا كانت لديهم خلفية كافية عن المحاسبة.

أما في حالة الحاجة إلى محاسب فإن الأمر يتطلب انتقال المحاسبين من إدارتهم إلى الوحدات الإدارية التي تحتاج إلى خدماتهم.

انتقال المحاسبين إلى وحدات إدارية في مختلف المستويات الإدارية يعني لامركزية أقسام المحاسبة داخل الهيكل التنظيمي للمنظمات كما تشير الدراسات التي اهتمت بالعلاقة بين تحويله من هيكل هرمي إلى هيكل تنظيمي منبسط.

ويعود ذلك إلى أن أهم الأدوار التي تقوم بها الإدارة الوسطى في الهرم الإداري التقليدي هو الإشراف على إعداد وتزويد الإدارات ذات علاقة بالمعلومات اللازمة وهذا الدور أصبحت تقوم به تقنية المعلومات المتقدمة خير قيام.

(2) تقنية المعلومات ومفهوم الملائمة في المحاسبة الإدارية:

أن المحاسبة الإدارية فقدت ملائمتها للقرارات الإدارية, وذلك نتيجة لعدم مواكبة المحاسبة الإدارية للتغيرات التي حدثت في بيئة الأعمال وتقنية التصنيع والهيكل التنظيمي للمنظمات, وأن أهم الأسباب التي أدت إلى فشل المحاسبة الإدارية هو عدم حدوث أي تطور يذكر في أساليب المحاسبة الإدارية منذ بداية القرن العشرين.

ومنذ أن برزت ظاهرة فقدان المحاسبة الإدارية للملائمة ظهرت عدة أساليب حديثة في المحاسبة الإدارية منها التكاليف على أساس النشاط, وتقييم الأداء المتوازن, والجودة الشاملة, والمقاييس المرجعية, والمحاسبة الإدارية الإستراتيجية.

الدراسات الميدانية التي أجريت عن مدى انتشار هذه الأساليب الحديثة في المنظمات كانت مخيبة لآمال الكثير من الباحثين, فعلى سبيل المثال تشير الدراسات الميدانية إلى أنه ما بين 20% إلى 30% من المنشآت فقط استخدمت أسلوب الإدارة والتكاليف على أساس النشاط, في حين أن أساليب المحاسبة الإدارية التقليدية كانت مستخدمة وبشكل واسع.

بعثت تقنية المعلومات المتقدمة آمالاً كبيرة لدى كثير من الباحثين في أن تقوم هذه التقنية بإحداث تغيير في المحاسبة الإدارية وذلك بتسهيل استخدام أساليب المحاسبة الإدارية الحديثة.

ونظراً لعدم وجود إطار نظري يمكن الاعتماد عليه في دعم هذه الرؤية اعتمد الباحثون على عدد كبير من المنافع المرجوة من استخدام تقنية المعلومات المتقدمة منها:

(1) أن نظم المعلومات المدمجة تدعم التخطيط الاستراتيجي.

(2) أنها تعمل على تغيير الهيكل التنظيمي وذلك بإحداث ترابط قوي بين الوظائف الإدارية.

(3) أن الترابط بين كافة نظم المعلومات يعمل على دعم وحدة البيانات والتقارير.

(4) وقد أكدت نتائج الدراسات الميدانية التي كانت تهدف إلى معرفة مدى تأثير تقنية المعلومات على انتشار أساليب المحاسبة الإدارية الحديثة على أن هناك منافع عامة لاستخدام تقنية المعلومات من حيث أنها تزيد من الفاعلية والكفاءة والجودة العالية للمعلومات إضافة إلى سهولة الوصول إليها, إلا أن تأثير تقنية المعلومات كان ضعيفاً على تحسين مستوى دعم القرار بالنسبة للمحاسبة الإدارية, وبصفة خاصة تأثير تقنية المعلومات كان ثانوياً على

استخدام أساليب المحاسبة الإدارية الحديثة مثل التكاليف على أساس النشاط, تقييم الأداء المتوازن ,تحليل سلاسل القيم وغيرها, والتي تتطلب معالجة معقدة للمعلومات وليس مجرد استخراج التقارير المالية من البيانات.

هذا وقد أشارت بعض هذه الدراسات إلى أن هناك أسباباً لضعف تأثير تقنية المعلومات على تبني المحاسبة الإدارية الحديثة منها:

(1) أن نظم تقنية المعلومات المتقدمة معقدة وتتطلب بعض الوقت حتى يتسنى الحصول منها على المنافع الأكثر تعقيداً, وليس غريباً على هذه النظم المتطورة جداً أن يحتاج المستخدمون وقتاً للتعلم على كيفية استخراج المنافع المتوقعة منها خاصة أن هذه النظم تشهد تطوراً مستمراً وسريعاً.

(2) إن إمكانية الحصول على كافة المنافع المتوقعة من هذه النظم وعلى رأسها استخدام أساليب المحاسبة الإدارية الحديثة محدودة طالما أن تطبيق بعض المنظمات لهذه النظم ما زال جزئياً وليس كلياً.

(3) إن هناك جيلاً جديداً ومكملاً لهذه النظم يركز على تحليل المعلومات الإستراتيجية والمتوقع أنه سوف يشجع على استخدام الأساليب الحديثة للمحاسبة الإدارية.

تجدر الإشارة إلى أن تقنية المعلومات لا تمثل سوى عامل واحد، وهناك عوامل كثيرة تؤثر على المنشآت لنظم المحاسبة الإدارية الحديثة مثل حجم المنشأة, إستراتيجية المنشأة ونوع القطاع، (صناعي, خدمي), فعلى سبيل المثال قد تفضل المنشآت الصناعية التي تستخدم نظم التصنيع المتقدمة استخدام أسلوب التكاليف على أساس النشاط نظراً لأن نسبة التكاليف الصناعية غير المباشرة كبيرة جداً مقارنة بتكاليف العمالة المباشرة المنخفضة جداً في مثل هذه المنشآت.

من ناحية ثانية لم يقتصر الجدول حول مفهوم فقدان الملائمة على ضرورة استخدام أساليب المحاسبة الإدارية الحديثة بل تعدى ذلك إلى قضية أخرى لا تقل أهمية ,وهي أن المحاسبة المالية ومتطلباتها الإلزامية التي تشمل إعداد تقارير مالية لمختلف الجهات الخارجية قد هيمنت على المحاسبة الإدارية, بمعنى أنه في حالة وجود نظام مالي واحد فإن هذا النظام سوف يخدم المحاسبة المالية وعلى حساب المحاسبة الإدارية التي تأتي في الدرجة الثانية. فاهتمام الإدارة العليا بهذا النظام المالي سوف يشغل المحاسبين والنتيجة اعتماد المدراء على مخرجات هذا النظام عند اتخاذ القرارات ومخرجات نظم المحاسبة المالية تعتبر غير ملائمة لاتخاذ القرارات .

ومما تشير إليه الدراسات الميدانية في هذا أنه كان لتقنية المعلومات أثر إيجابي على هذا الجانب فقواعد البيانات المتقدمة تقدم معلومات لمختلف الأغراض وتفصل بين معلومات المحاسبة المالية والمحاسبة الإدارية.

وهذا يعني أن نظم المعلومات المدمجة تضمن عدم هيمنة المحاسبة المالية على المحاسبة الإدارية.

إطار نظام المعلومات المحاسبية الإدارية

يمكن أن يحقق نظام الموازنات التخطيطية في المنظمة إمكانية تدفق المعلومات من القمة للقاعدة، والتي ينتج عنه تطبيق هذا النظام للمعلومات المحاسبية إعداد موازنات تخطيطية دورية توفر للإدارة قوائم كمية لخطط المنظمة التي تغطي فترة من الفترات، ويتم تصميم نظام الموازنات الفعال ليعمل من خلال الهيكل التنظيمي للمنظمة ويتطلب ذلك قيام الإدارة العليا في المنظمة برسم وتطوير السياسات التي تتعلق بأهداف المنظمة. وأما الهيكل التنظيمي يمكن أن يحقق للمنظمة بيئة النشاط التي تتدفق

من خلالها المعلومات ويجب توفير مجموعة من النقاط حتى يمكن لنظام الموازنات أن يعمل بكفاءة من خلال:

(أ) يجب أن تصدر المنظمة لائحة صريحة وواضحة لتحديد سلطات ومسؤوليات الإداريين في كافة قطاعات النشاط بها.

(ب) يجب أن يحقق الهيكل التنظيمي إمكانية خضوع كل فرد في المنظمة لمستوى إداري وحيد بها.

(ج) يجب على المنظمة أن تقوم بناء هيكلها بصورة يمكن التمييز بين قطاعات النشاط بها.

(د) يجب على الإدارة العليا في المنظمة تحديد العلاقات بين المرؤوسين والرؤساء بصورة دقيقة في كافة مستويات الهيكل التنظيمي.

قوائم السياسات

إن قوائم السياسات تعتبر من أهم الأمور التي تدل على العمل لكافة العاملين بالمنظمة. وحتى تتوافر لهذه القوائم في التطبيق فإنه من الضروري أن تتوافر لها خاصتي الشمولي والالتزام. وهناك قواعد للسلوك تشمل:

(1) قواعد تتوافق مع القوانين والتشريعات الصادرة من الدولة مثل:
- القوانين السياسية والتجارية.
- التشريعات المتعلقة بسوق الأوراق المالية.

(2) أساليب معالجة النشاطات الخارجية التي قد يترتب عليها تعارض في مصالح المنظمة مع الغير.

(3) العلاقات مع الشركات الشقيقة والتابعة.

(4) العلاقات مع الهيئات والمؤسسات الحكومية.

(5) أساليب إعداد التقارير والمصادقات.

ويمكن أن تمثل هذا الصورة البيانية لخريطة التنظيمية لمنظمة ما كما يلي:

صورة بيانية لخريطة تنظيمية لمنظمة صناعية

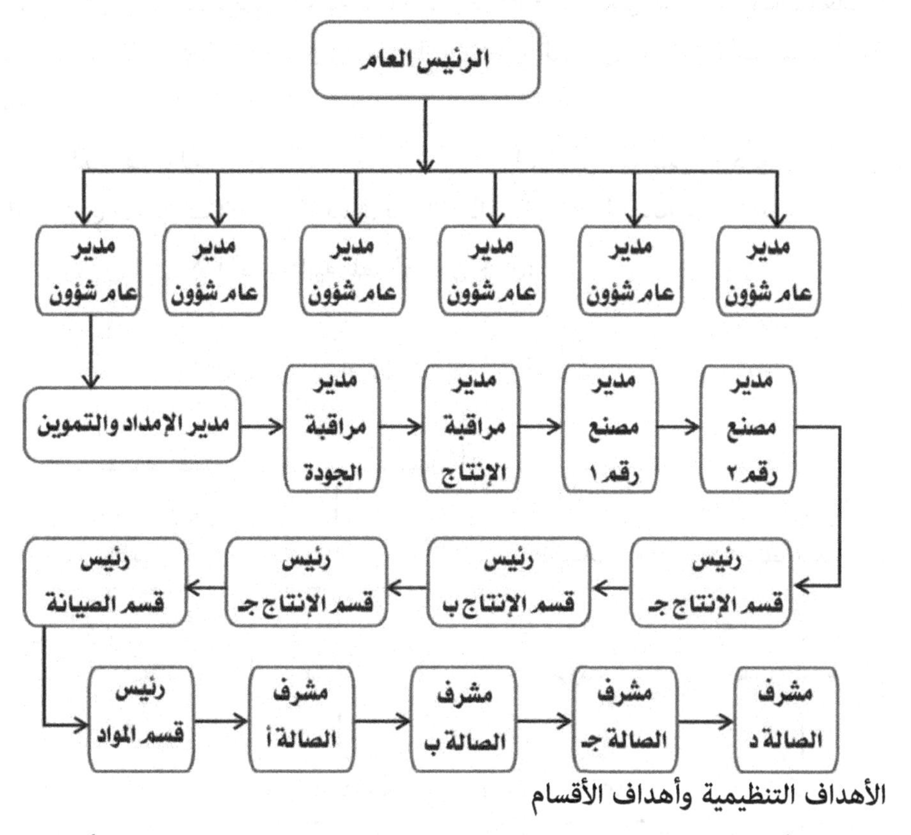

الأهداف التنظيمية وأهداف الأقسام

إن أغلب المنظمات تستخدم مقاييس ذات الطابع الكمي مثل صافي الدخل أو العائد على رأس المال المستثمر، ويقوم نظام الموازنات للأداء على ترجمة تلك

الأهداف الشاملة إلى أهداف فرعية ذات دلالة لكل قطاع أو إدارة أو قسم داخل المنظمة. وعليه فإن الأهداف الشاملة تم ترجمتها للمستويات الدنيا في الهيكل التنظيمي إلى أهداف أداء تفصيلية ومحددة أما طرق بناء أهداف الأقسام عندما تقوم الإدارة العليا ببناء الأهداف الخاصة بالأقسام في المستويات الإدارية الأدنى، فإن نظام الموازنات للأداء في هذه الحالة يعتبر نظاماً سلطوياً ويستخدم المحاسبون هذا المصطلح على أساس أن الإدارة العليا تستخدم سلطاتها لتحفيز العاملين في مستويات التنظيم الأدنى على تحقيق الأهداف المطلوبة منهم.

ولكن هناك لأغلب المنظمات قد يلجأون إلى أسلوب آخر بديل ينطوي على إشراك المديرين في المستويات الإدارية الدنيا في بناء الأهداف الأدائية المطلوبة من إداراتهم.

ويمكن تمثل الأهداف الأدائية للمنظمة من خلال:

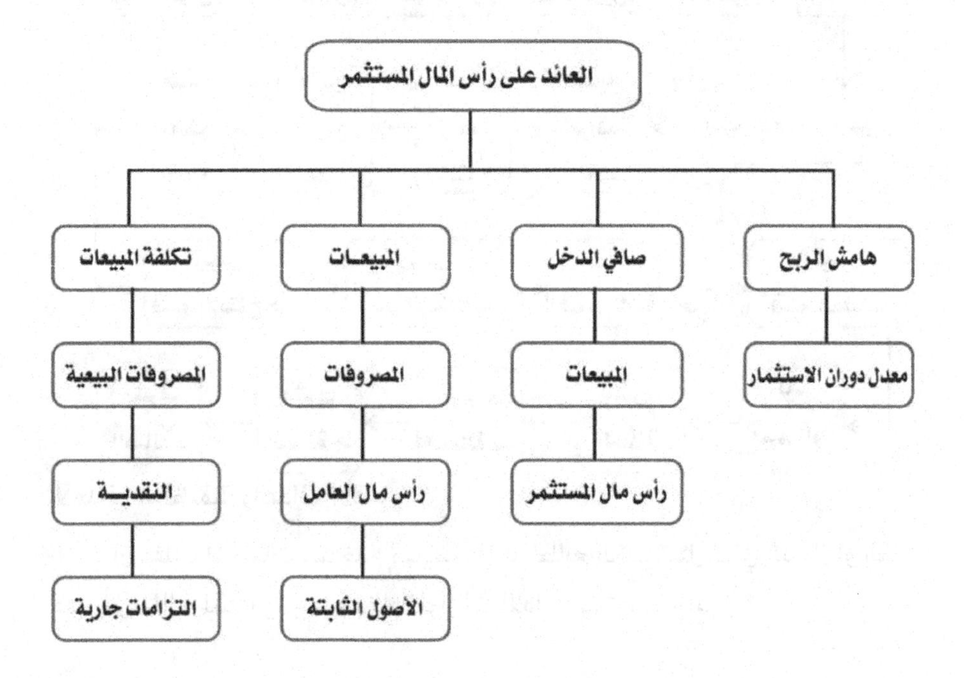

عندما يشترك العاملين في المستويات الإدارية الدنيا في بناء أهداف الاداء فإنه من الضروري مراعاة أن هذه الاهداف يجب أن يؤدي الوفاء بها إلى تحقيق الأهداف الشاملة للمنظمة. وأن تتم جميع المناقشات المتعلق ببناء هذه الأهداف من منطلق تحقيقها للأهداف المرغوب فيها من وجهة نظر الإدارة العليا في المنظمة.

تدفق المعلومات من القاعدة للقمة

إن تدفق المعلومات من القاعدة للقمة من أهم النتائج الطبيعية المرتبة على الأحداث التي تتحقق عند المستويات الدنيا في الهيكل التنظيمي، ويتم تسجيل تلك الأحداث ومعالجتها وإعداد التقارير عنها، ورفعها إلى المستويات الإدارية الأعلى من خلال نظام خاص هو نظام تقارير المسؤولية. وتعمد الشركات إلى الاستعانة بنظم يتم من خلالها إعداد موازنات الأداء وتقارير المسؤولية، وفي هذه الحالة فإن هذه الشركة تطبق أنظمة معينة يطلق عليها المحاسبون أنظمة محاسبة المسؤولية. حيث يقوم نظام تقارير المسؤولية بتسجيل وقياس الأداء المحقق في كل قطاع وقسم من قطاعات وأقسام المنظمة.

تقارير الأداء

يقوم نظام المحاسبة المسؤولة عن تلك النظم لتوصيل هذه المعلومات في صورة تقارير أداء، وحيث يعتمد محتوى المعلومات التي تفصح عنها هذه التقارير على مقاييس الأداء التي يمكن مراقبها أو التحكم بها عن طريق المديرين، حيث أن المدير الذي يشرف على مركز للتكلفة يمكنه أن يتحكم ويراقب التكلفة التي تتحقق من خلال مركز التكلفة الذي يرأسه، ومن ثم فإن تقرر الأداء لمثل هذا المركز عن الفترة موضع التخطيط، ويمكن أن يفصح هذا التقرير عن الفروق بين الأرقام المخططة والفعلية.

مثلاً هنالك تقرير للأداء للشركة العالمية للحاسبات

البيـــان	تكلفة فعيلة دينار	تكلفة مخططة دينار	انحراف دينار
- أجور ومرتبات المشرفين	500	500	0
- مناولة المواد	200	180	(20)
- خدمات صناعية	120	120	(10)
- قسم الإنتاج أ	2400	2500	100
- قسم الإنتاج ب	3120	3100	(20)
- قسم الإنتاج جـ	1500	1250	(250)
- إجمالي التكلفة المحققة خلال الفترة	7840	7640	(200)
- متوسط تكلفة الوحدة	7.84	7.64	-
- حجم الإنتاج بالوحدات	1000 وحدة		

إن تقارير الأداء لمراكز التكلفة عند المستويات العليا بمثابة تلخيص للتكاليف المخططة والفعلية لكافة مراكز التكلفة التي تلي هذه المراكز.

ويتم صياغة تقارير أداء مراكز الربحية والاستثمار بنفس الاسلوب، ومن ثم فإن المجاميع النهائية لتقارير أداء مراكز المستويات الدنيا تمثل مفردات في تقارير أداء مراكز المستويات الأعلى.

تجميع البيانات

إن نظام المحاسبة المسؤولة يحقق إمكانية تدفق المعلومات من القيمة للقاعدة، ومن القاعدة للقمة، وينتج عن هذا النظام تقارير المسؤولية لكل مركز مسؤولية في المنظمة حيث تتضمن هذه التقارير الإيرادات والتكاليف المخططة كمعلومات متدفقة من القمة للقاعدة وكذلك الإيرادات والتكاليف الفعلية كمعلومات متدفقة من القاعدة للقمة.

وتبلور النقطة النهائية لهذا النظام في تلخيص إجماليات الإيرادات والتكاليف المخططة والفعلية لكل مركز مسؤولية لكل فترة من فترات الموازنة.

ويمكن تخفيض المعلومات بواسطة تقارير أداء المراكز في المستويات الإدارية الأدنى، ومن ثم التصاعد إلى تقارير أداء المراكز في المستويات الإدارية العليا، ومن ثم الصعود إلى تقرير الأداء العام للشركة.

وهنالك دليل للحاسبات تختص في نظام معلومات المحاسبة المالية بديل رقمي خاص على خريطة دليل حسابات المنظمة، وبناء على هذا الدليل يتم بناء هيكل دليل الحسابات في نظام محاسبة المسؤولية من خلال المزيج بين دليل مراكز المسؤولية، ودليل الحسابات بحيث يمكن الإشارة إلى كل حساب على خريطة الحسابات لكل مركز من مراكز المسؤولية.

مثلاً إذ افترضنا أن حساب الاجور والمرتبات في سجلات المحاسبة المالية يحمل رقم (571) في دليل الحسابات المالية، فإنه باستخدام دليل مراكز المسؤولية نجد أن أية أجور ومرتبات يتم استحقاقها وسدادها للعاملين التابعين لمشرف الصالة رقم (1) مثلاً التابعة لقسم الإنتاج (أ) يتم تسجيلها كمديونية للحساب رقم (511) و (571)، وأية أجور تستحق وتسدد للعاملين التابعين لرئيس قسم الإنتاج (أ) تثبت كمديونية للحساب رقم (5110-571) وبنفس الأسلوب فإن أية أجور ومرتبات تؤدي للعاملين التابعين مباشرة لمدير عام المبيعات يتم إثباتها كمديونية للحساب رقم (6000-571)، وهكذا في باقي المراكز للمسؤولية.

يتم التعبير عن خريطة الحسابات في صورة جدول يتضمن أسماء وأرقام الحسابات ومن ثم فإنه يمكن إعداد جدول مماثل يتضمن بياناً بأسماء مراكز المسؤولية وأرقام هذه المراكز.

التقارير المالية ومحاسبة المسؤولية

إن التقارير لنظام المحاسبة في المسؤولية تعتبر أداة فعالة للأغراض الإدارية، ومع ذلك فهي لا تتوافق ومحتواها مع مثيلاتها في المحاسبة المالية، وذلك لعدم ارتباط تلك التقارير بمتطلبات الإفصاح التي تقضي بها المبادئ المحاسبية ذات القبول العام، ولأن النظام المعلومات المحاسبي يتطلب ضرورة إنتاج تقارير محاسبية تتفق مع تلك المبادئ من خلال بيانات نظام محاسبة المسؤولية، وعلى ذلك يجب على مسؤول النظام بناء النظام بصورة يمكن معها ارتباط حسابات مراكز المسؤولية بديل المحاسبة المالية، إن تطبيق نظام المعلومات المحاسبي الذي يستند إلى الحاسبات الآلية فإن برامج الحاسبة الآلي في هذا الموضوع تتولى تلخيص إجماليات الأجور المباشرة وغير المباشرة على هذه العلاقات مراكز المسؤولية التي تخصها هذه الأجور بعمليات الإنتاج ومن ثم فإن الأجور والمرتبات التي تحقق في مراكز المسؤولية تعمل في النشاط الإنتاجي بصورة مباشرة يتم تجميعها وتلخيصها على أساس كونها أجوراً مباشرة، في حين أن تلك التي تخص مراكز المسؤولية تساهم في الإنتاج بصورة غير مباشرة يتم تجميعها وتلخيصها على أساس كونها أجور غير مباشرة، أما الأجور والمرتبات التي تخص مراكز مسؤولية بعيدة عن النشاط الإنتاجي فإنه يتم تجميعها وتلخيصها على أساس كونها تمثل جانباً من التكاليف الإدارية والبيعية.

ويمكن أن يقوم نظام المعلومات المحاسبية للمسؤولية على أساس الإمساك بالعديد من الحسابات التفصيلية التي تفصح عن تفاصيل التكاليف والإيرادات الفعلية والمخططة. كما يتولى النظام تسجيل تلك الإيرادات والتكاليف لمختلف مراكز المسؤولية في صورة حسابات مستقلة ومرتبطة معاً بدلاً من حسابات متميز لكل مركز ولكل حساب على حدة، وفي النهاية للفترة المالية يتم تصنيف مجاميع تلك الحسابات

وفقاً للدليل الحسابات المالية. هنالك مثال على دليل الحسابات المالية ومراكز المسؤولية المناظر .

البيـــان حساب الأجور والمرتبات	المصاريف الإدارية والبيعية	تكلفة العمالة المباشرة	تكلفة العمالة غير المباشرة
1000 الرئيس ________	×		
2000 مدير عام شؤون مجلس الإدارة____________	×		
3000 مدير عام الشؤون المالية____________	×		
400 مدير عام الاستثمارات والخطة____________	×		
5000 مدير عام الإنتاج___			×
5100 مدير مصنع رقم (1)_			×
5110 رئيس قسم الإنتاج (1)____________			×
5111 مشرف الصالة رقم (1)____________		×	×
5112 مشرف صالة رقم (2)____________		×	×
5200 مدير مصنع رقم (2)____________			×
6000 مدير عام المبيعات___	×		
7000 مدير عام الشؤون الإدارية____________	×		
8000 مدير عام الشؤون الهندسية____________	×		
9000 عام العلاقات الصناعية____________	×		
إجمالي التكاليف على أساس التصنيفات	×	×	×

دليل الموازنات

يقوم هذا الدليل لنظام الموازنات التخطيطية على تسجيل الأهداف الأدائية لكل حساب من الحسابات المالية على مستوى كل مركز من مراكز المسؤولية باستخدام دليل الموازنات، وعلى ذلك فإنه عند بناء نظام المعلومات المحاسبي فإن محللي النظم يقومون بإضافة رقم واحد إلى دليل الحسابات للتمييز بين القيم الفعلية والقيم المخططة عند التسجيل في الحسابات المالية.

مثلاً إذا افترضنا أن الرقم صفر يشير إلى القيم الفعلية في حين أن الرقم (9) يشير إلى القيم المخططة، فإنه يترتب على ذلك أن يكون رقم حساب الأجور والمرتبات على مستوى قسم الإنتاج (أ)، والذي يدل على أن القيم الفعلية للأجور والمرتبات الخاصة بهذا القسم يكون (5110) و (571)، أما إذا كان رقم الحساب الأجور والمرتبات هو (5110) و (571) فإنه يشير إلى رقم حساب الأجور والمرتبات المخططة لهذا القسم.

ويوضح الجدول التالي الصورة البيانية للدليل المحاسبي على مستوى مراكز المسؤولية

دليل الحسابات

1000	×××××	1000	×××××
2000	× ××	2000	× ××
3000	×	3000	×
4000	×	4000	×
5000	×	5000	×
5110	×	5100	×
5120	×	5110	910 ×
5200		5120	1850 ×
6000		5200	
7000		6000	
8000		7000	
900		8000	
		9000	
الإجمالي	القيم المخططة بدليل موازنة = 9	الإجمالي	القيم الفعلية بدليل موازنة = صفر

الفصل الثامن

معالجة البيانات في إطار علم المحاسبة

معالجة البيانات في إطار علم المحاسبة

تعرف المعلومات على أنها :

" البيانات التي تمت معالجتها لتصبح بشكل أكثر نفعا للمستقبل والتي لها قيمة في الاستخدام الحالي أو في اتخاذ قرارات مستقبلية. "

إن علاقة المعلومات بالبيانات مثل علاقة المواد الخام بالمنتج النهائي ، حيث بعد إضافة مهارات صناعية على المادة تتحول إلى منتج نهائي بالضبط يحصل على البيانات التي بعد استخدام مهارات معينة غالبا ما تكون باستخدام الحاسب لتتحول تلك البيانات بعدها لمعلومات تخزن في الحاسب الآلي.

تسمى عملية معالجة البيانات باستخدام الحاسب بالمعالجة الإلكترونية والتي تعالج فيها البيانات فترتبها أو تبوبها أو تعالجها حسابيا أو غير ذلك من المعالجات مما يشكل المعلومات والتي إما أن تخزن فيشكل تراكمها المعرفة أو إما أن يعاد معالجتها كتغذية راجعة .

من هنا يتضح لدينا أهمية المعلومات في اتخاذ القرارات ، حيث أن متخذ القرار إذا أراد حل مشكلة معينة فانه يلجأ إلى تعريفها ثم تطوير بدائل الحلول لها ، ومن ثم جمع المعلومات لكل بديل المعلومات التي يجمعها قد يكون في حالة تأكد منها أو في حالة المخاطرة أو في حالة عدم التأكد من المعلومات التي لديه.

أصبح علم الحاسوب وعلم المحاسبة متلازمان ومتكاملان بسبب أن المحاسبة علم اجتماعي يتأثر بالمتغيرات الاجتماعية التي تطرأ عبر الأزمنة ومن أهم هذه المتغيرات المؤثرة هي تطورات تكنولوجيا المعلومات والاتصالات ، وحتى يقوم المحاسبون بمهامهم بدقة وملاءمة عليهم إسناد أعمالهم للحاسوب بما فيه من برمجيات محاسبية معالجة لبيانات المعاملات المالية وبنوك المعلومات المحاسبية الحافظة.

نظام المعلومات المحاسبية يحتوي على مكونات وعناصر عدة من أهمها البرمجيات المحاسبية وبنوك المعلومات المحاسبية ، يهدف هذا النظام لمعالجة البيانات المالية المدخلة من خلال برمجياته المحاسبية ليتم استخراج المعلومات المحاسبية التي تكون على شكل تقارير ووثائق وقوائم مالية نهائية تقدم لجميع المستفيدين من هذا النظام.

المعاملات المالية التي تحدث في منشآت الأعمال تتميز بالتكرار الإجرائي المستمر مما أعطاها صفة الدوران في الأعمال والمهمات عبر الفترات المحاسبية للمنشأة ، فكان لدينا دورة الإيرادات والنفقات والإنتاج والمالية ودورة الإقرار المالي التي يتمخض عنها التقارير المحاسبية التي تمثل مخرجات نظام المعلومات المحاسبية ، وللحاسوب دور كبير جدا خلال هذه الدورات التشغيلية تحت ظل نظام المعلومات المحاسبية.

منشآت الأعمال في حاجة كبيرة لنظام معلوماتي في مجال محاسبة الموردين والعملاء والموظفين والحكومة مما يدفع إداراتها لنزعات تطويرية لمثل ذلك النظام تنتهي بمشكلة الاختيار من بين بديل تطويرها في المنشأة أو الحصول على استشارات من شركات متخصصة ، وفي كلا البديلين تمر عملية التطوير هذه لمراحل تبدأ بالتخطيط لهذا النظام المعلوماتي المحاسبي لمعرفة جدواه الاقتصادية والتشغيلية والقانونية ، ومن ثم تحليله وتصميمه وتنفيذه وتشغيله وصيانته ، وهنا تبرز أهمية التفاهم الفني بين الإدارة والمحاسبة وقسم الحاسب الآلي من أجل الحصول على نظام معلوماتي محاسبي يلبي متطلباته على أكمل وجه ، وليتحقق هذا التفاهم على فرق التطوير المعرفة بأصول المحاسبة وعلى المحاسبون والإدارة المعرفة بتكنولوجيا المعلومات وإمكانياتها التقنية.

بنك المعلومات المحاسبية يمثل تكنولوجيا ضرورية لحفظ المعلومات المحاسبية لاسترجاعها المستقبلي بهدف المساعدة في اتخاذ القرارات الإستراتيجية والتكتيكية

والتشغيلية ، هذا البنك عبارة عن جداول (ملفات معاملات) مترابطة تعطي ميزات من أهمها منع التكرار في حفظ البيانات والمعلومات وسهولة الاسترجاع والتحديث والإلغاء والإضافة وغير ذلك من عمليات معالجة ، ويمكن الاستفادة من تكنولوجيا الاتصالات في إدارة هذا البنك عن بعد سلكيا أو لاسلكيا.

المحاسب المثالي وجمشيد من البرمجيات المحاسبية (العربية) المعالجة لبيانات المعاملات ، وبرنامج إنستانت المحاسبي من البرمجيات المستوردة لمعالجة بيانات المعاملات ، و برنامج المايكروسوفت إكسيل يمثل برنامجا على شكل جداول إلكترونية يستخدم بشكل واسع في تنفيذ أوراق العمل المحاسبية واستخدام الاقترانات المالية والمحاسبية والإحصائية لأغراض المعالجة للبيانات.

من المواضيع الحيوية في مجال المعلوماتية هو الرقابة والتدقيق والأمن المستند للحاسب الآلي ، فالحاسوب يستخدم في سبيل تحقيق الرقابة على مستوى منشأة الأعمال من خلال التقارير الرقابية المتعلقة بالموظفين والآلات وغيرها للتأكد من أن الأهداف المخطط لها يتم تحقيقها بأقل الانحرافات السلبية ، أما التدقيق المستند للحاسب فهو يعني استخدام برمجيات التدقيق في اختيار عينات إحصائية لتدقيقها وخصوصا من خلال المحاكاة لواقع المنشأة المهني ، وهنا يكون متطلبا من المدقق لنظام المعلومات المحاسبية أن يشارك في عمليات التطوير لهذا النظام وبالتالي عليه فهم تقنيات التطوير للمشاركة الإيجابية في الوصول لنظام معلوماتي محاسبي خال من الخلل، أما الأمن فهو قد يكون أمنا على البرمجيات وبنوك المعلومات من خلال وضع إجراءات تلغي مخاطر الاختراق للسرية وخصوصا عند تراسل المعلومات محليا أو دوليا والتي منها تشفير المعلومات المتراسلة بين المرسل والمستقبل ، أما الأمن المادي فيحتاج إلى تكنولوجيا محوسبة أمنية تحد من المخاطر الطبيعية كالحرائق ومن المخاطر الغير طبيعية كالسّرقات.

حالة خاصة: المخزون

من المعلوم أن مطور أي حل مالي يجب أن يتسم بالموضوعية الشديدة و التعمق في دراسة المشاكل التي تواجهه و أحد أهم المشاكل المعاصرة التي تواجه المطور هو تطوير أنظمة تتسم بالإجرائية و التسلسل المنطقي المبرر و أيضاً أتباع الأطر العامة التي يقوم عليها علم المحاسبة بشكل عام.

مشكلة المخزون بالنسبة لمطور الحلول المالية تأخذ أكثر من بعد و هي مشكلة ذات أبعاد مختلفة فهذه المشكلة تأخذ أبعاد تتعلق بعلم البرمجة و أخرى تأخذ أبعاد تتعلق بعلم المحاسبة و التكامل بين علم البرمجة و علم المحاسبة يجب أن يتواجد للوصول إلى أقصى كفاءة ممكنة للحل المالي.

المشكلة الرئيسية التي تواجه أي مطور لأنظمة الحلول المالية هي نظام الرقابة المخزنية و طرق تسعير المخزون.

- هل سيتم استخدام نظام الجرد المستمر أم نظام الجرد الدوري ؟
- هل سيتم التسعير بناءاً على سعر التكلفة أم سعر التكلفة أو سعر السوق أيهما أقل ؟
- أي الطرق التي ستستخدم لتسعير المخزون تحت طريقة سعر التكلفة و هي FIFO – LIFO – WA/MA – SI؟
- ما هي المعالجة السليمة للأحداث المحاسبية التي تمت بصلة لسنوات مالية سابقة خاصة بالمخزون ؟
- كيف ستتم معالجة التعديلات السالبة و الموجبة تحت طرق التسعير المختلفة ؟
- كيف ستتم معالجة المردودات في ظل طرق التسعير المختلفة ؟

- ما هي المعايير التي تحدد الملامح الرئيسية للرقابة المالية الفعالة على أرصدة الحسابات المتعلقة بالعمليات التشغيلية ذات الصلة بالمخزون و الرقابة الكمية على حساب المخزون في ظل استخدام نظامي الجرد الدوري و الجرد المستمر ؟

أسئلة كثيرة تبحث عن إجابات و لعل و عسى السطور القادمة تجيب عن هذه التساؤلات و لكن قبل ذلك أود أن أوضح أن هذه البحث موجه في الأساس إلى هؤلاء المحاسبين الذين يريدون التعمق أكثر في هذه المشكلة و يريدون حلاً لمشكلة الرقابة المخزنية و في نفس الوقت يريدون أن يعرفوا ما هي أدواتهم التي تمكنهم من أداء تلك المهمة بنجاح.

أما بالنسبة للمطورين فهذا البحث يقدم مادة علمية موضحة للمشكلة و انعكاساتها على الأرباح و الخسائر في نهاية السنة المالية و ما هي المعايير التي يجب التقيد بها عند تصميم الحلول التي تراقب على المخزون بالتالي فإن التصميم السليم القائم على أسس علمية موضوعية يؤدي في النهاية إلى تقارير مالية منضبطة و ذات كفاءة عالية و أيضاً تمكن مطور الحل المالي من المنافسة في سوق الحلول المالية بتقديمه حلولاً مالية تعتمد على قواعد يمكن الاعتماد عليها.

كل ما نريده من خلال هذا البحث البسيط هو إجراء عمليات اختبارية لكيفية اكتشاف الاختلافات بين الرصيد ألف على و الرصيد الدفتري و ما هي الأدوات المتاحة للمحاسب و التي تعطيه أدوات فعالة يمكن استخدامها لاكتشاف السرقات و الإهمال و ما إلى ذلك من أمور قد تحدث في النشاط الاقتصادي بشكل عام الدراسة سوف تنقسم إلى ستة خطوط رئيسية سوف نضعها تحت المجهر و هي :

1. نظام الجرد الدوري بتسعيرFIFO
2. نظام الجرد الدوري بتسعيرLIFO

3. نظام الجرد الدوري بتسعيرWA

4. نظام الجرد المستمر بتسعيرFIFO

5. نظام الجرد المستمر بتسعيرLIFO

6. نظام الجرد المستمر بتسعيرMA

الأعمال التجارية الصغيرة

برمجيات المحاسبة هي التي يستخدمها المحاسبون إلى دخول العديد من المعاملات المالية المعقدة في المالية دفاتر الحسابات ويكاد يكون دائما تستند إلى مبادئ المحاسبة على قيد مزدوج. A major advantage to those companies and the finance staff is the extent to which financial information contained in the database can be queried for financial control purposes. ميزة كبيرة لتلك الشركات والموظفين الماليين هو المدى الذي المالي المعلومات الواردة في قاعدة البيانات ردا على سؤال حول ما يمكن لأغراض الرقابة المالية.

An accountant needs to not only ensure the financial records are accurate but also retrieve any part of the accounting records to answer accounting questions on the accounts, provide a legal basis for the transactions and report the financial statements at regular periodic intervals. محاسب يحتاج ليس فقط لضمان دقة السجلات المالية ولكن أيضا استرجاع أي جزء من السجلات المحاسبية للإجابة على أساسها المحاسبة على الحسابات ، وتوفير أساس قانوني للمعاملات وتقرير البيانات المالية في فترات دورية منتظمة.

The small business has different accounting needs which are better described as bookkeeping than accounting. الأعمال التجارية

الصغيرة قد تختلف احتياجات المحاسبة التي وصفها بأنها أفضل من مسك الدفاتر المحاسبية.
do not need to produce a balance sheet then For non limited companies that
account can be produced much simpler a simple income and expenditure
using single entry bookkeeping principles. غير محدودة للشركات التي لا تحتاج إلى
إعداد ميزانيه بسيطة ثم حساب الإيرادات والنفقات يمكن إنتاجها باستخدام ابسط بكثير
دخول وحيدة لمبادئ المحاسبة.

Less financial control is often required from small business accounting
as the bookkeeper is often the owner manager who already has an software
knowledge of each transaction intimate. أقل الرقابة المالية غالبا ما يكون لازما من
الأعمال التجارية الصغيرة برمجيات المحاسبة باعتباره كاتب الحسابات في كثير من الأحيان هو
المالك مدير الذين سبق له دراية عميقة بالواقع من كل صفقة. still required Books are
financial books for tax purposes and a solid requirement of preparing a set of
evidence for tax purposes is that each entry is supported by third party. كتب
ما زالت مطلوبة لأغراض ضريبية ومتين شرط من إعداد مجموعة من الكتب المالية للأغراض
الضريبية هي أن كل إدخال طرف ثالث تدعمها الأدلة.

Examples of third party evidence would be sales invoices, purchases
bank statements invoices and. أمثلة من طرف ثالث الأدلة ستكون فواتير المبيعات ،
وفواتير المشتريات والبيانات المصرفية. Financial transactions where no receipt exists
still be entered in the business books although all transactions not can
third party evidence could subsequently be disallowed for tax carrying
certainly would be if the amounts entered indicated unusual purposes and
expenditure income or. المعاملات المالية ، حيث لا تلقى ما زالت موجودة

ويمكن أن يكون دخل في الأعمال التجارية على الرغم من أن جميع المعاملات الكتب لا تحمل طرف ثالث في وقت لاحق يمكن أن تكون الأدلة disallowed لأغراض ضريبية وبالتأكيد لو أن المبالغ المشار إليها غير عادية دخلت الدخل أو الإنفاق.

Producing an income and expenditure statement using single entry .little more than making two lists of financial transactions bookkeeping is إنتاج بيان الإيرادات والنفقات باستخدام مدخل واحد المحاسبة هو أكثر قليلا من صنع قائمتين من المعاملات المالية. Those lists being one of sales income received from sales invoices or receipts issued to customers and the other of purchase being from purchase invoices received from suppliers expenditure. تلك واحدة من قوائم المبيعات الإيرادات المحصلة من فواتير المبيعات أو الإيصالات الصادرة لعملاء الشركة وغيرها من نفقات شراء يجري من فواتير الشراء الواردة من الموردين.

To record sales income it would not normally be sufficient to simply total of the invoices as such a summation does not leave an audit add up the items which have been included trail of the. لتسجيل إيرادات المبيعات عادة أنها لن تكون كافية لمجرد إضافة يصل مجموع الفواتير لأن هذا الجمع لا يترك حسابات من البنود التي أدرجت. A written list of sales invoices does provide an audit trail. مكتوب قائمة فواتير المبيعات هل توفر لمراجعة الحسابات.

Sales accounting for a small business accounting purposes can be either list of the sales invoices or by using a spreadsheet package a list can a manual on a bookkeeping spreadsheet be made. المبيعات المحاسبة التجارية الصغيرة لأغراض المحاسبة، أما أن يكون دليلا قائمة فواتير المبيعات أو من خلال استخدام جداول البيانات حزمة قائمة يمكن أن تصدر على أساس جداول المحاسبة. Using a spreadsheet for the bookkeeping has advantages as simple formula can be used to add up totals the column. باستخدام جدول بيانات لمسك الدفاتر حسنات كما صيغة بسيطة يمكن استخدامها لإضافة ما يصل العمود المجاميع.

The essential information to enter for a sales invoice would be the date sale, name of the customer, sales invoice number if applicable and of the brief description of the item sold optional a. المعلومات الضرورية لدخول لفاتورة البيع سيكون من تاريخ البيع ، اسم العميل ، فاتورة البيع ، وإذا كان ذلك منطبقا عدد الاختياري وصفا موجزا لهذا البند تباع. In the next column would be the total sales amount invoice. في العمود القادم سيكون إجمالي المبيعات مبلغ الفاتورة. If items like value added tax are required to be accounted for then an additional column be required to accommodate the vat or sales tax accounting would. إذا البنود مثل ضريبة القيمة المضافة المطلوبة ليتم احتساب ثم عمود إضافي سيكون المطلوبة لاستيعاب الضريبة على القيمة المضافة أو ضريبة المبيعات المحاسبة.

A further small complication might be if at the discretion of the small owner additional information was required from the bookkeeping business indicate the totals of the different types of products and services records to additional columns could be incorporated to enter the net sales figures then columns in these. مزيد من التعقيد قد تكون صغيرة إذا كان للسلطة التقديرية للأعمال التجارية الصغيرة مالك المعلومات الإضافية المطلوبة من مسك الدفاتر والسجلات تشير إلى مجاميع من مختلف أنواع المنتجات والخدمات ثم أعمدة إضافية يمكن إدراجها للدخول إلى شبكة أرقام المبيعات في هذه الأعمدة.

There it is then, a simple list of sales invoices to satisfy the sales accounting requirements for a small business where a balance sheet is

required not. هناك ومن ثم ، بسيطة قائمة فواتير المبيعات لتلبية متطلبات المحاسبة المبيعات للأعمال التجارية الصغيرة حيث ميزانيه ليس مطلوبا.

On the expenditure side of the business the bookkeeping can also be a .list of the purchase invoices and receipts showing the amount spent simple على جانب النفقات من مسك الدفاتر التجارية كـما يمكـن أن تكـون مجـرد قائمـة مـن فـواتير الشراء وإيصالات تبين المبلـغ الـذي انفـق. The list should also produce an audit trail showing the date of the purchase invoice, name of the supplier, purchase by for identification purposes and the total amount spent invoice. قائمـة وينبغـي أيضا أن تنتج مراجعة الحسابات من خلال إظهار تـاريخ شراء الفـاتورة ، اسـم المـورد ، فـاتورة الشراء لأغراض تحديد الهوية ومجموع المبلغ الذي صرف.

Usually tax returns are the main purpose of producing small business and invariably some analysis is required to show what the expenses accounts spent on have been. عادة الإقرارات الضريبية هي الغـرض الرئيسي- مـن الأعـمال التجاريـة الصغيرة المنتجة للحسابات ودائما بعض التحليل لإظهار ما نفقات قد تم إنفاقها على. That is not difficult to achieve and as with the sales accounting the owner manager add additional standard columns to the bookkeeping spreadsheet can. انه لـيس من الصعب تحقيق وكما هو الحال مع المبيعات المحاسبة المالك مدير إضافية يمكن أن تضاف إلى معيار المحاسبة أعمدة جداول البيانات.

The expenditure analysis columns do not need to be a different column type of expenditure for each. تحليل النفقات الأعمدة

لا تحتاج إلى أن يكون العمود مختلفة لكل نوع من أنواع الإنفاق. It is better to set in general headings which can up and group the analysis columns accommodate all the expenses. ومن الأفضل لإقامة مجموعة وتحليل الأعمدة في العناوين العامة التي يمكن أن تستوعب جميع نفقات.

Such columns may include stock, other direct costs, premises costs, administrative costs, transport and delivery costs, repairs and general travelling and hotel costs, motor costs, bank and legal costs and ,maintenance expenses other. ويمكن أن تشمل هذه الأعمدة الأسهم ، وغيرها من التكاليف المباشرة ، وتكاليف المباني العامة والتكاليف الإدارية، وتكاليف النقل والتسليم والتصليح والصيانة ، والسفر وتكاليف الفندق ، موتور تكاليف ، والتكاليف القانونية المصرفية وغيرها من المصاريف. heading of It is better not to enter too many items under a general of expense other expenses as this is more likely to be investigated as the type has not been precisely identified. ومن الأفضل عدم دخول الكثير من البنود في إطار العنوان العام للمصروفات أخرى لان هذا هو الأرجح لإجراء التحقيقات اللازمة معهم كما النوع من النفقات لم يتم تحديدها على وجه الدقة.

One important column to also include is for asset purchases as fixed usually have different tax rules applying to the claim of the expense assets tax and should be separated from other expenditure against. ومن المهم أيضا لتشمل العمود هو لشراء أصول كأصول ثابتة عادة ضريبية مختلفة القواعد التي تنطبق على المطالبة ضد من حساب الضريبة وينبغي فصلها عن غيرها من النفقات.

Having set up two bookkeeping spreadsheets the task is then income and expenditure account by collecting the to produce the

وبعد إنشاء لجنتين المحاسبة جداول .columns totals of each of the analysis البيانات المهمة بعد ذلك لإنتاج حساب الإيرادات والنفقات عن طريق جمع المجاميع من كل واحد من أعمدة التحليل. The sales total is the sales turnover from which is deducted the totals of each of the expenditure classification totals with the of the business result being the net profit and loss. إجمالي المبيعات هو دوران من المبيعات التي هي خصم مجاميع كل من الإنفاق تصنيف المجاميع مع نتيجة يمثل صافي الأرباح والخسائر للشركة.

Where stock is bought and sold a further adjustment may be required to for the difference between opening and closing stock account. حيث يتم شراء الأسهم وبيعها بإجراء تعديل آخر قد يكون مطلوبا لحساب الفرق بين فتح وإغلاق الأسهم. This is doneby taking a physical stock check and valuing the stock at the start and end of the financial period. ويتم ذلك عن طريق اتخاذ المراجعة المادية للمخزون وتقييم المخزون في بداية ونهاية الفترة المالية.

On the income and expenditure account adjust the stock purchases figure by adding the value of the opening stock and deducting the value of the closing stock. على حساب الإيرادات والنفقات تعديل شراء أسهم الرقم بإضافة قيمة افتتاح خصم الأوراق المالية وقيمة الأوراق المالية الختامية. The result is not the stock purchases total as shown in the bookkeeping spreadsheets but the cost of the goods which have been sold to produce the sales turnover being reported. والنتيجة هي ليست شراء أسهم الإجمالي كما هو مبين في جداول البيانات ومسك الدفاتر ولكن تكلفة البضاعة التي بيعت لإنتاج المبيعات دوران يجري الإبلاغ عنها.

Simple bookkeeping for a small business accounting purposes can be sales and purchases supported with sales invoices and purchases two lists of invoices. بسيطة المحاسبة لأغراض المحاسبة التجارية الصغيرة يمكن قائمتين للحركة البيع والشراء أيد مع فواتير المبيعات وفواتير المشتريات. About the Author نبذة عن الكاتب Terry Cartwright a qualified accountant at DIY Accounting in the UK Accounting Software on excel spreadsheets providing complete Small designs Accounting Software solutions with single and double entry Business for both limited companies and self employed business Bookkeeping Software تيري كارترايت مؤهل محاسب في DIY المحاسبة في المملكة المتحدة تصاميم برمجيات المحاسبة على جداول البيانات اكسل توفير إكمال الأعمال الصغيرة المحاسبة الحلول البرمجية مع احد على قيد مزدوج ومسك الدفاتر والبرمجيات على حد سواء لشركات محدودة وذاتية العاملين التجارية.

الفصل التاسع

نظام معلومات المحاسبة المالية

نظام معلومات المحاسبة المالية

تمهيد

لا توجد في أي منظمة من المنظمات إلا ويوجد فيها نظام للمعلومات المحاسبية يستخدم كأداة لتوفير المعلومات لإدارة هذه المنظمات، سواء كانت هذه المنظمات تأخذ شكل الملكية الفردية أو شرطة الأشخاص أو شكل الشركة المساهمة أو تجارية أو صناعية هادفة للربح أو غير هادفة للربح.

سمات نظام المعلومات المحاسبية المالية

(1) يتم تشغيل ومعالجة البيانات في نظم المعلومات المحاسبية استناداً إلى أساليب وطرق متماثلة وفقاً للمبادئ المحاسبية المتعارف عليها.

(2) يتماثل هيكل نظم المعلومات المحاسبية جميعاً في اشتماله على مزيج متفاوت من الجهد الآلي والبشر.

(3) من حيث الهدف يتمثل في توفير المعلومات ذات الطابع الاقتصادي والتي يتمكن أن تخدم في مجال اتخاذ القرارات.

نظام المعلومات المحاسبية وتقنية المعلومات

يمكن أن تتواجد سجلات اليومية والاستاذ في شكل مجلدات ورقية مجدولة بصورة معينة تخدم خطوات تنفيذ إجراءات النظام. ويتم في هذا السجلات تسجيل الأحداث المالية في صورة قيود يومية وتبويبها في صورة حسابات يدوياً دون الاستعانة بأية تقنيات حديثة. ومن ثم إعداد المحاسبون الموازين المراجعة والتقارير المالية يدوياً باستخدام ورقة عمل كبيرة الحجم.

ويتم التعبير عن السجلات اليومية وسجلات الأستاذ في صورة ملفات محفوظة على إحدى وسائط الحاسبات الآلية المناسبة. والاستعانة ببرامج خاصة لتسجيل الاحداث المالية وتبويبها داخل هذه الملفات، وإعداد التقارير المالية بصورة نهائية تلقائية.

ويدخل الجدول القادم على الإجراءات المحاسبية بالتطبيق على الحاسبات كما يلي:

المفهوم المحاسبي	المفهوم المقابل على الحاسبات
السجلات اليومية: اليومية العامة اليوميات المساعدة	ملفات الأحداث المالية: ملفات اليومية العامة ملف المتحصلات والمدفوعات ملف الفواتير
سجلات الأستاذ: الأستاذ العام سجلات الأستاذ المساعد	الملفات الرئيسية: ملف الأستاذ العام الرئيسي ملف حسابات المجاز الرئيسي ملف حسابات الملاك الرئيسي
قيود اليومية	إدخال البيانات
الترحيل إلى الحاسبات	تحديث الملفات

نطاق تطبيق النظام المعلومات المحاسبية

إن الأحداث ذات التأثير النقدي على المنظمة يجب التعرف عليها وتسجيلها كعملية محاسبية. ومن ثم فإن نظام المعلومات المحاسبي الذي يختص بتسجيل وتشغيل والتقرير على العمليات المحاسبية التي تحققت من المبادئ المحاسبية ذات القبول العام.

كما إذا تضمنت نظام المعلومات المحاسبي إعداد الموازنات التخطيطية على أسس تقديرية فإن ذلك ينطوي على إجراءات للتعرف على الأحداث المالية المتوقعة مستقبلاً وتقدير الآثار النقدية الناجمة عنها.

ويهدف نظام المحاسبة المالية إلى إنتاج تقارير المعلومات التي تهم الأطراف الخارجية ذات الاهتمام بالمنظمة، ويتم إعداد هذه التقارير وفقاً للمبادئ المحاسبية ذات القبول العام. ومن ثم إنتاج تقارير المعلومات الداخلية التي تهتم بها إدارة المنظمة لتسيير نشاطات المنظمة وبناء خططها ومتابعة تنفيذ هذه المخطط ورقابتها.

تسجيل العمليات المحاسبية

يتم إثبات الأحداث المالية في صورة قيود يومية عن طريق تحليل هذه الأحداث لتحديد الحسابات التي تأثرت بهذه الأحداث وشكل التأثير الناتج، وهذا التأثير يتم إما بصورة دانية هذه الحساب أو مديونية كنتيجة للحدث المالي موضوع التحليل. ويتم إثبات نتيجة هذا التأثير في شكل قيود يومية توضح دائنية ومديونية الحسابات التي اليومية العامة موضحاً به عينة من قيود اليومية التي تعكس نتيجة تسجيل بعض الأحداث المالية المتعارف عليها. وتتولى كل منظمة إعداد خريطة لحساباتها حيث توضح هذه الخريطة بياناً تفصيلياً بأسماء الحسابات التي تمسكها المنظمة في سجلاتها والتي تكون في مجموعها جزئية في نظام حسابات المنظمة. ويقوم المحاسب عند تحليل الأحداث المالية بتحديد الحسابات التي تأثرت بالحدث المالي المعين استناداً إلى أسماء

الحسابات المدونة في هذه الخريطة، ويتم إعداد هذه الخريطة بمعرفة محللي نظام المعلومات المحاسبي عند إنشائه، والشكل التالي يوضحها:

بيان توضيحي لسجل اليومية العامة

اليومية العامة

مدين	دائن	البيان	مستند	تأريخ
100000		من حـ/ الخزينة		1 شباط
	100000	الى حـ/ رأس المال		
		إثبات سداد رأس المال نقداً		
		من مذكورين		2 شباط
20000		حـ/ الأراضي		
60000		حـ/ المباني		
		إلى مذكورين		
	15000	حـ/ الخزينة		
	65000	حـ/ أوراق الدفع		
		إثبات شراء أراضي ومباني		
72000		من حـ/ الآلات		3 شباط
		الى حـ/ الخزينة		
		إثبات شراء آلات نقداً		
60000		من حـ/ المشتريات		4 شباط
	60000	الى حـ/الموردين		
		الحساب		
90000		من حـ/ الخزينة		5 شباط
	90000	الى حـ/المبيعات		
		إثبات عمليات بيع نقداً		

إعداد ميزان المراجعة

إن إعداد ميزان المراجعة يعتبر من أهم إطار من نظام المعلومات المحاسبي، حيث أن المنظمة تقوم خلال أي فترة محاسبية بإجراء العديد من عمليات التسجيل والتبويب المحاسبي للأحداث المالية التي تتولد عن نشاطاتها والتي تكون عادة متباينة وذات حجم كبير. وعلى ذلك يجب إعداد التقارير المحاسبية والتي تتمثل في الحاسبات الختامية والميزانية كخطوة من خطوات سلسلة الدورة المحاسبية. ويمكن أن تتحقق هذه الخطوة بسهولة ويسر- إذا قام محاسبو المنظمة بإعداد ميزان المراجعة بعد إجراء القيود الخاصة بالتسوية. ويتمثل الصورة البيانية لميزان المراجعة كما يلي:

شركة النجاح للحاسبات ميزان المراجعة في 2006/12/31			
رقم الحساب	اسم الحساب	مدين	دائن
12	النقدية بالخزينة والبنك	62700	
14	حسابات عملاء أجهزة	1200	
16	حسابات عملاء برامج	4000	
18	مهمات إدارية ومكتبية	5100	
20	تأمين مقدم	275	
22	أراضي	20000	
24	مباني	60000	
26	مجمع إهلاك مباني		500
28	آلات وتجهيزات	72000	
29	مجمع إهلاك آلات وتجهيزات		1200
31	أجور ومرتبات مستحقة		600
32	فوائد مستحقة		314
33	إيرادات مبيعات أجهزة		55000
34	أو راق دفع		65000
35	رأسمال الأسهم		100000
36			12500
37	إيرادات خدمات برمجة	-	
38	أجور ومرتبات	6600	
39	أدوات ومهمات	900	
40	إهلاك التجهيزات الآلية	1200	
41	إهلاك المباني	500	
42	مصروفات التأمين	25	
43	فوائد المدينة	314	
44			
45			
المجموع		234814	234814

أهمية دراسة نظم المعلومات المحاسبية

من الضروري الاهتمام بدارسة نظم المعلومات المحاسبية والتي أصبحت أمر تشغيل النظام المحاسبي يتحقق من خلال تقنية المعالجة اليدوية للبيانات بصورة سهلة وميسرة، غير أنه نتيجة التطور السريع في عالم وظهور الحاسبات الشخصية ونظمها وذيوع انتشار استخدامها في كافة المجالات. وأصبح الأمر واقعاً ملموساً في معظم المنظمات الاقتصادية حتى في المجتمعات النامية، ويجب التعرف هنا على المفاهيم التي يتم الاستناد اليها في التشغيل الآلي لنظم المعلومات المحاسبية، وتفهم التقنيات الآلية الحديثة التي يتم من خلالها تشغيل تلك النظم. وقد يواجه المحاسب مشكلة التعامل مع تلك النظم بوصه محاسباً إدارياً، ومن ثم فإنه ستقع عليه مهمة مواجهة تلك النظم بصفة دائمة ومستمرة، طوال عمله اليومي في إعداد التقارير اللازمة للوفاء باحتياجات الإدارة من المعلومات والبيانات وتطوير هذه التقارير وتنميتها من خلال فريق عمل يتعامل بصفة مستمرة مع تلك النظم التي تستند إلى الحاسبات.

الفصل العاشر

نظم المعلومات المحاسبية في المنظمة

نظم المعلومات المحاسبية في المنظمة

نظم العمليات ونظم المعلومات المحاسبية

يحدث العديد من الأحداث والفعاليات التي يجب على المنظمة أن تسيطر عليها وتوجهها من أجل تحقيق الأهداف التي أنشئت من أجلها، وتكون هذه الأمور على قدر كبير من التنوع كشراء التجهيزات، شراء المواد الأولية وتأمين كافة مستلزمات الإنتاج وإبرام عقود العمل مع العاملين.

تمثل هذه الأمثلة على علاقة قوية بين المنظمة مع البيئة الخارجية، وينشأ عن تنفيذ انتقال المواد من المخازن إلى ورشات الإنتاج وتناقص قيمة الأصول الثابتة أثناء العمل دفع الأجور إلى العامين إجراء دورات تدريبية للعاملين ويتم تسجيل هذه البيانات على مجموعة من المستندات والوثائق بحيث يمكن معرفة ماذا جرى أثناء تنفيذ الأنشطة والفعاليات المختلفة.

ويقسم أنظمة العمليات ضمن المنظمة في شكل دورات عمليات تشمل:

(1) **دورة الإيرادات** - على كافة الأنشطة والعمليات المتعلقة ببيع السلع والخدمات وتحصيل النقدية الناتجة عن عمليات البيع.

(2) **دور النفقات**- على كافة الأنشطة والعمليات المتعلقة بتأمين مستلزمات المنظمة من مواد وعمالة وتجهيزات وتسديد الالتزامات.

(3) **نظام الدورة للمشتريات** - مثل نظام الموارد البشرية والأصول الثابتة ونظام المدفوعات النقدية.

(4) **دورة الإنتاج والتمويل** - والتي تشمل الإجراءات والعمليات المتعلقة بتصميم المنتجات وتصنيعها والرقابة عليها، وكافة الأنشطة والعمليات المتعلقة بتأمين الأموال اللازمة للمنظمة.

الأنشطة المكونة لنظم العمليات والمستندات الناتجة عنها

(1) نظام المشتريات ويشمل جميع الأنشطة والفعاليات المتعلقة بتوفير مستلزمات المنظمة من المواد والخدمات وتسجيل العمليات. وتستلزم أنشطة النظام بين الحاجة للمواد والإنفاق على الشراء وفحص المواد والخدمات وتسجيل العملية في حساب الموارد، أما مستنداتها وسجلاتها فيتضمن طلب الشراء وأمره وتقرير استلام ومذكرة إدخال.

(2) نظام المدفوعات النقدية وتشمل جميع الأنشطة والفعاليات المتعلقة بتسديد المبالغ المستحقة على المنظمة، أما أنشطة النظام فتشمل حساب المبالغ المستحقة وسداد المورد وتسليم الشيك إلى المورد وتسجيل العمليات في حساب المورد، أما مستنداتها وسجلاتها فتشمل بيان الحاجة للموارد والإنفاق على التعاقد على الشراء وفحص المواد والخدمات، وأمر الصرف والشيك للمواد وتسجيل العملية في حساب المورد.

(3) نظام المقبوضات النقدية ويشمل جميع الأنشطة والفعاليات المتعلقة باستلام النقدية من العملاء وإيداعها بالبنك، وتكون أنشطة النظام في استلام النقدية من العملاء وتسجيل النقدية المستلمة وتسديل النقدية في حساب العميل وإيداع النقدية بالبنك، أما مستنداتها وسجلاتها فتشمل شيك السداد ويومية المقبوضات النقدية وأستاذ مساعد المدينين وقسيمة الإيداع.

(4) نظام المخازن والتي تشمل على جميع الأنشطة والعمليات المتعلقة بتخزين المواد والمنتجات وعمليات الإخراج والإدخال من والى المخازن وتشمل انشطة النظام إدخال المواد والمنتجات إلى المخازن، وإخراج المنتجات من المخازن وإثبات الإدخال والإخراج في المخازن والتأكد من وجود المواد في المخازن والرقابة على التسجيل في المخازن، أما مستنداتها وسجلاتها فتشمل مذكرة إدخال وإخراج وبطاقة المادة وكشف الجرد وأستاذ المساعد للمخزون.

(5) نظام الموارد البشرية والتي يشمل على جميع الأنشطة والفعاليات المتعلقة باستخدام العاملين واستخدامها للرواتب والأجور وسدادها، وأما أنشطة النظام فتشمل تعيين العاملين وتسجيل دوام العاملين وحساب أجورهم وتسديداتهم، وتشمل المستندات والسجلات على عقد العمل وبطاقة الوقت وكشف الرواتب والأجور وشيكات السداد.

(6) دورة التمويل وتشمل جميع الأنشطة والفعاليات المتعلقة بالحصول على الأموال اللازمة وسداد القروض والفوائد وتوزيع الأرباح، وبالنسبة لأنشطة النظام تشمل إصدار الأسهم وقبض قيمتها وشرائها وبيعها وإصدار قرض المستندات وشرائها وبيعها وعقد القروض، أما مستنداتها فتشمل صك الإصدار وإشعار البنك وشهادة الأسهم.

عملية تصميم نظم المعلومات المحاسبية

(1) تكامل العمليات في المنظمة وارتباط أقسامها، حيث تتكون المنظمة من مجموعة من الإدارات والأقسام التي تعمل بشكل مشترك من أجل تحقيق الأهداف وتقوم هذه الأقسام والإدارات بأداء العمليات والأنشطة المسؤولة

عنها، وتكون هذه الأقسام مرتبطة مع بعضها البعض، فقسم المشتريات يقوم بشراء الأصناف والكميات من المواد التي يحتاجها قسم الإنتاج.

ويمكن أن يقصد مبدأ عمليات تكامل المنظمة أن مصمم النظام المحاسبي عند تصميمه لمستند طلب الشراء يجب أن لا يفكر في تصميم هذا المستند بما يتلاءم مع التسجيل المحاسبي، بل يجب أن يصمم طلب الشراء من حيث المحتوى والوقت وعدد النسخ بما ينسجم مع متطلبات كل الأقسام والعمليات المهمة في هذا الأمر. وتكون العملية الإدارية عبارة عن معلومات تعد مادة القرار الإداري ويتوقف نجاح العمل الإداري على مدى صحة هذه المادة ودقتها وطريقة تنظيم هذه المادة وتخزينها ونقلها إلى المركز التي تحتاج إليها.

(2) عملية كتابة البيانات والمستندات مرة واحدة أي أنه عند الحاجة إلى عدة نسخ من المستند الواحد، عدم اللجوء إلى كتابة كل النسخ لهذا المستند بشكل مستقل وبل يجب استخدام الصور الكربونية عند إعداد أصل المستند الأصلي أو اللجوء إلى التصوير.

وهنالك مزايا تحققها عملية كتابة البيانات والمستندات مرة واحدة هي:

(1) يحقق السرعة الأفضل في كتابة البيانات أو المستند مرة واحدة يؤدي إلى وفرة الوقت والجهد والمال المبذول ويتيح فرصة تسجيل العمليات وترد في دفتر اليومية والأستاذ بوقت واحد.

(2) يؤدي إلى زيادة الدقة والصحة في إعداد البيانات المحاسبية.

(3) زيادة فعالية النظام لأن كتابة البيانات مرة واحدة على المستندات يخفض تكاليف تشغيل النظام ويظهر أيضاً عدم تكرار عملية الكتابة عدة مرات.

وظائف نظم المعلومات المحاسبية في المنظمة

تتضمن النظام المحاسبي في المنظمة على العديد من الوظائف تشمل:

(1) الجمع والتخزين للبيانات المتعلقة بأنشطة وعمليات المنشأة بكل كفاءة وفعالية والتي تشمل على إدخال البيانات للحصول على البيانات من نظام العمليات وتسجيل هذه البيانات في المستندات، والوثائق الملائمة والتحقق من صحة البيانات وتسجيلها على المستندات. ثم التأكد من شمولية المستندات وكمالها لذلك يقوم النظام المحاسبي باستلام المستندات الأساسية الناجمة عن نظام العمليات مثل أمر البيع ووثيقة الشحن. وغيرها من المجموعة للإجراءات يتم التأكد من صحة هذه البيانات والمستندات على الرغم من إمكانية تسجيل البيانات المتعلقة بأنشطة العمليات على أوراق فارغة في الدفاتر، إلا أن الرقابة والدقة الأفضل تتحقق عند استلام نماذج خاصة للتسجيل تسمى الوثائق الأصلية.

(2) المعالجة للبيانات عبر عمليات الفرز والتخليص وتشمل على تصنيف المستندات التي تم الحصول عليها وفقاً لمعايير محددة مسبقاً مثل ملف فواتير المبيعات أوامر الصرف. ونقل محتوى المستندات إلى مستندات أخرى مثل إعداد أمر الصرف الذي يتضمن نقل محتويات فاتورة الشراء وتقرير الاستلام وأمر الشراء إلى المستند الجديد أمر الصرف. ثم ترحيل محتوى الفائق والمستندات إلى السجلات المحاسبية الملائمة مثل ترحيل فواتير المبيعات الآجلة إلى حساب المدينين. وإجراء مجموعة العمليات المحاسبية على البيانات كعمليات الجمع والطرح والضرب والقسمة لحساب أرصدة الحسابات.

هنالك في بعض المنظمات يتم تجميع العمليات المتشابهة في مستند واحد يطلق عليه سند القيد لترحليها إلى دفاتر اليومية ونظراً لتنوع وتعدد الحسابات التي

تستخدمها المنظمات لترحيل العمليات تقوم المنظمات بوضع دليل الحساب حيث يتم إعطاء رقم مستقل لكل حساب من حسابات الأستاذ العام وتعطى أرقام فرعية للحسابات التابعة له في دفاتر الأستاذ المساعد.

(3) التأمين والرقابة على الأصول والبيانات والتي توفر الرقابة الداخلية بشكل متكامل لتحقيق الثقة بالمعلومات المنتجة من خلال النظام، والقيام بنشاطات العمل بشكل كفوء ودقيق وحماية أصول المنشآت وبياناتها.

إن أغلب المنظمات تستخدم مجموعة من الإجراءات لتحقيق رقابة داخلية فعالة على العمليات ضمن المنظمة لتساعد على تحقيق ما يلي:

(أ) الفصل بين الوظائف والمهام ذات العلاقة ببعضها.

(ب) تحديد الصلاحيات والمسؤوليات عن تنفيذ الأعمال.

(ج) حفظ الأصول والسجلات بشكل جيد.

(د) التقويم المستقل للأداء في الوحدات التنظيمية داخل المنظمة.

كما تهدف الرقابة على البيانات إلى التأكد من حماية أصول المنظمة من المخاطر والتأكد من صحة البيانات المسجلة.

(4) توفير البيانات والمعلومات المفيدة للإدارة لاتخاذ القرارات وتشمل على:

(أ) القوائم المالية - حيث يتضمن إعداد القوائم المالية سلسلة من العمليات تبدأ بإعداد ميزان المراجعة حيث يتم تصنيف أرصدة الحسابات في الأستاذ العام.

(ب) التقارير الإدارية- يجب أن يكون نظام المعلومات المحاسبي قادراً على تزويد الإداريين بالمعلومات التشغيلية التفصيلية حول أداء الشركة.

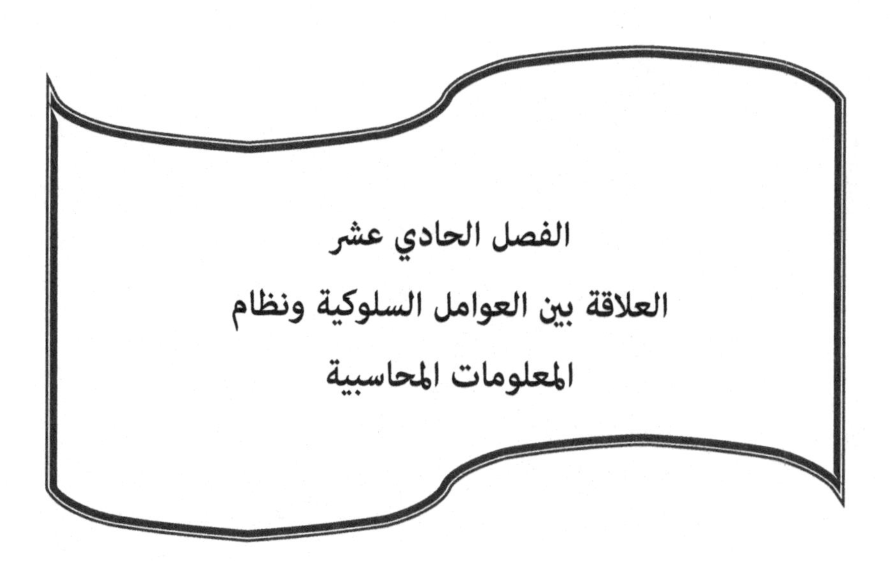

الفصل الحادي عشر

العلاقة بين العوامل السلوكية ونظام المعلومات المحاسبية

العلاقـــة بين العوامل السلوكيــــــة
ونظام المعلومات المحاسبية

أهمية العوامل السلوكية

تبرز العوامل السلوكية كمجموعة من المجموعات التي تؤثر في سلوكيات الأفراد عند قيامهم بعمل معين أو اتخاذ القرارات.

ويشكل الأفراد مجموعة المستفيدين من نظام المعلومات من خلال استخدام مخرجاته أو الرغبة باستخدامها، ويقرروا فاعلية النظام اعتماداً على مدى قناعتهم بمدى قدرة النظام على التأثير على توفير المخرجات التي تساهم في تحقيق أهدافها.

ويشكل العاملون عاملاً أساسياً من عوامل التقدير لفاعلية النظام في الوحدة الاقتصادية من حيث درجة الرضا والفائدة التي تتحقق لهم من جراء استخدام نظام المخرجات لها.

وظهر انتشار المحاسبة السلوكية بهدف الكشف عن تأثير المعلومات التي تتولد عن نظام المعلومات المحاسبية على سلوك المستفيدين منها، وكيفية إحداث تغيير في هذا التأثير إذا ما تم إجراء تغيرات مماثلة في المعلومات المحاسبية على افتراض أن هنالك تأثيراً محتملاً للمعلومات المحاسبية يمكن أن يساهم في تغير سلوك المستهلك وفق أساليب عديدة.

ويتطلب ضرورة تواصل الاهتمام بالأبحاث السلوكية من قبل المحاسبين وأخذ نتائجها بعين الاعتبار عند الممارسة لهم وبسبب:

(أ) تعتبر الحاجة للتأكد من قدرة ما يقدمه المحاسبون من معلومات تتطلب ضرورة معرفة ومراقبة سلوك المستفيدين منها بشكل دوري.

(ب) أن نظام المعلومات المحاسبية هو المصدر الرئيسي للمعلومات في الوحدة الاقتصادية.

المستفيدون من نظام المعلومات المحاسبية

(1) أصحاب الملكية - والتي تهتم بمدى القدرة على تحقيق الأهداف العامة المرسومة للوحدة الاقتصادية، ومدى قوة المركز المالي لها. وقدرتها على توزيع الأرباح ونسبتها والاتجاه إليها والوفاء بالالتزامات.

(2) العاملون في الوحدة الاقتصادية ونقابات العمال والتي يهتم بالحصول على المعلومات على الكيفية التي تمت بها عمليات تحديد الرواتب والأجور وتوزيعات الأرباح والمكافآت. والتقدير لمدى المساهمة لهذه الوحدة الاقتصادية في تحقيق الرفاهية للعاملين وتحسين مستوياتهم المعايشة والمساعدة في إعداد الدراسات الخاصة بتحليلات الأجر.

(3) المستثمرون وحاملو الأسهم والتي يهتم بمدى تأثير قوة المركز المالي والقدرة على تحقيق الأرباح في زيادة أسعار الأسهم. وحصة السهم الواحد من الربحية واتجاهاتها المستقبلية، والمقارنة بين النتائج للفترة المالية السابقة مع الفترة الحالية، وما هي الإجراءات التي قامت بها إدارة الوحدة الاقتصادية.

(4) الدائنون والمقترضون والذين يهتوا في مدى قدرة الوحدة الاقتصادية على الوفاء بالتزاماتها تجاههم.

(5) الأجهزة الحكومية والتي تهتم بعمليات التخطيط على المستوى القومي وتقييم أداء الوحدات الاقتصادية وإعداد الإحصائيات وإصدار التشريعات القانونية الخاصة بالنشاطات الاقتصادية.

تعريف الإدراك المحاسبي

وهي عملية عقلية تتضمن التأثير على الأعضاء الحسية بمؤثرات معينة، حيث يقوم الفرد بإعطاء تفسير وتحديد لهذه المؤشرات في شكل رموز أو معاني حتى يسهل عليه تفاعله مع بيئة.

وتظهر أهمية الإدراك في المجال المحاسبي في أن الإدراك السليم من الأمور الهامة في ممارسة المحاسب لعمله، وأن الاهتمامات النسبية التي يتعرض لها المحاسب يومياً في عملية إدراك للحقائق والمؤثرات التي تحيط بالأهداف محل القياس. كما أوردت الجمعية الأمريكية للمحاسبة أنه عند ممارسة العمل المحاسبي فإنه يتواجد عدة أسئلة تتعلق بإدراك الأشخاص الذين يتلقون البيانات والمعلومات المحاسبية وهي:

- هل يختلف هذا الإدراك السلوكي عن إدراك المحاسبين؟

- كيف يدرك مختلف الأفراد والمجموعات والبيانات المحاسبية التي اعتمد في إعدادها مجموعة من الطرق والقواعد المحاسبية؟

- ما هو أثر الاختلاف في الإدراك على السلوك الف على لمتخذي القرارات؟

إن الإجابة على هذا الأسئلة تشمل إدراك الفرد للبيانات المحاسبية والتي تعتمد على مدى تفاعلهم وعلاقتهم بالقائمين على عمل نظام المعلومات المحاسبية في الوحدة الاقتصادية ودرجة ثقافتهم المحاسبية المتأتية عن طريق الدراسة والمطالعة والمدة الزمنية الكافية في تعاملهم مع نوعية معينة من تلك البيانات. وبذلك يدل الإدراك على إدراك المحاسبين اعتماداً على هذه العوامل. وعلى ذلك فإن الأخذ بمفهوم الإدراك يتطلب من المحاسبين ضرورة تحديد المستفيدين من نظام المعلومات المحاسبية والتعرف على البيانات والمعلومات التي من الممكن أن تحقق لهم الفائدة وفق الأسلوب الأنسب.

الاتصال المحاسبي ودورة في عمليات العلوم السلوكية

يمكن أن نعرف الاتصال في مجال العلوم السلوكية بأنها عملية نقل وتلقي الحقائق والآراء والشعور والاتجاهات وطرق الأداء والأفكار بواسطة رموز من شخص إلى آخر.

أما تعريف الاتصال في مجال المحاسبة فيشمل عمليات التقديم للبيانات المحاسبية في مجموعة من التقارير والقوائم إلى الجهات التي يمكن أن تفهمها وتستفاد منها في عملية اتخاذ القرارات.

عناصر الاتصال المحاسبي

(1) الجهات التي يمكن أن تستخدم للبيانات المحاسبية وتفهمها وتستفاد منها في عملية اتخاذ القرارات المتعلقة بها [المستلم].

(2) البيانات المحاسبية التي تيم إعدادها من قبل القائمين على عمل نظام المعلومات المحاسبية بكافة الأنظمة الفرعية التي يمكن أن تتواجد في الوحدة الاقتصادية [المرسل].

(3) مجموعة التقارير والقوائم التي يمكن أن ينتجها نظام المعلومات المحاسبية في الوحدة الاقتصادية المعنية [الرسالة].

إن قيام المحاسب بدوره كموزع للمعلومات يتطلب منه التعرف على سلوك متخذي القرارات في مواجهة المشكلات الإدارية المختلفة، والصياغة لهذا المعلومات بشكل ملائم على السلوك المتوقع. وعند إعداد المحاسب لإنتاج وتوزيع المعلومات يجب اتخاذ سلسلة من القرارات:

1- ما هي المعلومات التي يحتاج إليها المستفيدين.

2- كيفية الحصول على البيانات اللازمة لإنتاج المعلومات.

3- من الذي يجب أن يوصل المعلومات إلى المستفيد.

4- ما هو الأساليب المناسبة لعرض هذه المعلومات.

أنواع الاتصال المحاسبي

(1) الاتصالات الصاعدة - والتي تركز على تقديم البيانات والمعلومات بصورة معاكسة تماماً للشكل الاتصالات النازلة التي سيتم الحديث عنها لاحقاً، فهو يأخذ صورة تقارير إعلامية وإخبارية بما حدث فعلاً بشأن ما تم استلامه بيانات ومعلومات من مستوى الإدارة العليا والوسطى من قبل مستوى الإدارة الدنيا.

(2) الاتصالات النازلة- والتي تركز على تقديم البيانات والمعلومات في صيغة تقارير توجيهية من المستويات الإدارية العليا إلى المستويات الإدارية الأخرى (الوسطى والدنيا)، وهي تركز على كيفية تجزئة أو تقييم الخطط طويلة الأجل وتحويلها إلى الخطط متوسطة أو قصيرة الأجل، وكيفية تحديد الأهداف الفرعية للمستويات الإدارية الدنيا في ضوء الهدف العام الذي يسعى مستوى الإدارة العليا إلى تحقيقه للوحدة الاقتصادية.

(3) الاتصال بالجهات الداخلية- حيث يمكن أن يأخذ الاتصال المحاسبي أكثر من شكل من الأشكال التي يمكن الاعتماد عليها في إيصال البيانات والمعلومات المحاسبية والتي تقدم بصورة صيغة تقارير إلى الجهات المستفيدة داخل الوحدة الاقتصادية.

(4) الاتصالات الأفقية - وتتم عن طريق الاتصال بين المديرين والمسؤولين ضمن نفس المستوى الإداري الواحد، والذي يساعد على تحقيق التكامل والترابط والتنسيق في إعداد المعلومات المطلوب تقديمها للمستوى الإداري الأعلى.

(5) الاتصال بالجهات الخارجية - حيث يتم الاتصال عن طريق مجموعة البيانات والمعلومات التي تقدم بصيغة قوائم إلى الجهات المستفيدة من خارج الوحدة

لاقتصادية والتي تقسم إلى مجموعة القوائم الرئيسية التي يجب على نظام المعلومات المحاسبية إنتاجها وتقديمها إلى الجهات الخارجية وتتمثل في قائمة المركز المالي أو الدخل، ومجموعة القوائم الثانوية التي تتمثل في القوائم والكشوفات التوضيحية الملحقة بالقوائم المالية الأساسية.

المقومات الأساسية في الاتصال المحاسبي

(1) **ملائمة الاستخدام** - من خلال العلاقة الجيدة والمتبادلة والمستمرة بين المحاسبين والمستفيدين من نظام المعلومات المحاسبية، أن يتمكن المحاسب من التعرف على الاستخدامات المختلفة للبيانات والمعلومات المحاسبية.

(2) **البساطة** - والتي يجب أن تعد مخرجات المعلومات المحاسبية بصورة معتمدة أسس مفهومة وواضحة لكي يكون باستطاعة المستفيدين استيعابها والاستفادة منها.

(3) **العلاقات الهامة** - يجب الإفصاح عن المعلومات التي تتضمنها مخرجات نظم المعلومات المحاسبية بصورة كاملة وموضوعية وعدم إهمال أي بيانات أو معلومات مهما كان حجمها مع ضرورة تنسيق البيانات والمعلومات بالأسلوب الذي يظهر العلاقات الهامة بين بعضها البعض.

(4) **الممارسات المحاسبية المنسقة والموحدة** - والتي تقضي أن تكون مخرجات نظم المعلومات المحاسبية معتمدة أسس وقواعد محددة ومنسقة لكي يمكن الاسترشاد بها وتحقيق الفائدة للمستفيدين منها.

(5) **الثبات في الممارسات المحاسبية** - والتي يجب الثبات على الأسس والقواعد والإجراءات المحاسبية التي يتم إتباعها في الوحدة المحاسبية بمرور الوقت.

العوامل المهمة في السلوكيات لنظم المعلومات المحاسبية

يجب التعرف على أمور يتطلب مراعاتها عند تقرير فاعلية نظام المعلومات المحاسبية والتي تتعلق بالإدراك والاتصال وهي:

(1) شمول وسيلة الاتصال لكافة البيانات والمعلومات التي يمكن أن يقبلها المستفيد ويستفاد منها عند اتخاذه لقرار معين.

(2) أن تحتوي وسيلة الاتصال على بيانات يمكن استخدامها من قبل أكبر عدد ممكن من المستفيدين وبالشكل الذي يخدم أهدافهم المختلفة.

(3) يجب استخدام لغة مفهومه من قبل المستفيد حيث يؤدي ذلك إلى تقليل احتمالات التفسير لديه.

(4) أن تتصف الوسائل الاتصالية بالتكرار والدورية.

(5) مراعاة الفروض التي وضعت لنظرية الاتصال والتي تثبت صحتها وأهمها:

- كلما زاد عدد الرسائل وصغر حجم الرسالة وقلت القدرة الزمنية بين كل رسالة وأخرى، كلما زاد من فاعلية نظام المعلومات المحاسبية.
- ضرورة أن تكون قنوات الاتصال المختلفة لها آثار مختلفة في فهم واستيعاب محتويات الرسالة.
- تعتبر الدرجة الواضحة في عرض المعلومات والترتيب الذي تنقل به الرسائل إلى الجانب الآخر له أثر في قابلية وتفهم محتويات الرسالة من جانب مستخدم الرسالة.
- يجب وجود نظام للتغذية العكسية في عملية الاتصال.

الفصل الثاني عشر

دورة الإنتاج في نظم المعلومات المحاسبية

دورة الإنتاج في نظم المعلومات المحاسبية

تمهيد

يهتم المدراء التسويق ومدراء لتصميم المنتج عن أرقام التكلفة التي يعطيها النظام كونها أرقام لا تصلح لوضع الأسعار أو تحديد الأرباح الممكن تحقيقها من المنتجات الجديدة. ويوجد تقارير لتقويم الأداء تركز على المقاييس المالية في المقام الأول، حيث إن مدراء الإنتاج في المصنع يحتاجون إلى معلومات كمية وزمنية دقيقة حول النشاطات المادية مثل معدلات هدر المواد وزمن الإنتاج.

إن نظام المعلومات المحاسبي يلعب دوراً هاماً وحيوياً في فعاليات دورة الإنتاج حيث تساعد المعلومات الصحيحة والدقيقة التي تقدمها نظم التكاليف على:

- التخطيط والتخصيص للموارد.
- تحيد أسعار المنتجات.
- تخطيط ورقابة تكاليف الإنتاج.

دورة الإنتاج والأنشطة المكونة لها

هنالك دورة للإنتاج تشمل على تصميم المنتج ووضع المواصفات الكمية والفنية للمنتج بهدف تصميم منتج يلبي رغبات المستهلك من حيث الجودة والفعالية والمتانة، أن هذه المعايير يتعارض مع بعضها الآخر وهذا ما يجعل مهمة تصميم المنتج مهمة صعبة تواجه المنظمة، ومن هذه الأمور:

- الوثائق والإجراءات والتي تشمل قائمة المواد الأولية وهي قائمة تتضمن كافة المواد والقطع والأجزاء الإنتاجية التي تستخدم فيها المادة كذلك تشمل قائمة العمليات

والتي تتضمن قائمة العمليات لكافة مراحل التصنيع التي يمر بها المنتج والوقت اللازم لتنفيذ كل مرحلة، أما دور المحاسب فيجب أن يقوم بدور هام في مرحلة تصميم المنتج.

ويجب على نظام المعلومات المحاسبي أن يكون قادراً على تقديم المعلومات حول تكاليف المكونات الحالية المستخدمة في منتجات متنوعة والتكاليف التي من الممكن أن تنشأ نتيجة لاستخدام مكونات بديلة.

كما تشكل تشمل تخطيط الإنتاج والجدولة الزمنية وكان الهدف منها هو إعداد خطة إنتاج فعالة لملاءمة الطلبات الحالية والطلب المتوقع على المدى القصير دون نشوء أي مخزون زائد من البضاعة تامة الصنع.

وتتضمن هذا المرحلة خطوتين هما تخطيط موارد التصنيع وتعمل على الملاءمة بين الطلب على منتجات المنظمات الفعلية مع الطاقة الإنتاجية. كما تشمل طريقة التصنيع عند الحاجة والتي تقوم بتصنيع المنتجات بناءٍ على طلبات العملاء فقط.

محاسبة التكاليف

مفهوم نظام التكاليف

ويقصد به مجموعة من الإجراءات المنتظمة طبقاً لمنهج منطقي، وتشكل مجموعة من الوظائف لها هدف مطلوب، وتقوم على قواعد علمية من ناحية وعلى تطبيق واقعي في الحياة العملية من ناحية أخرى.

أهداف نظام التكاليف:

تسعى محاسبة التكاليف إلى تحقيق أربعة أهداف رئيسية هي:

(أ) تحديد التكاليف الفعلية للمنتج أو للنشاط.

(ب) الرقابة على التكاليف

(ج) توفير البيانات اللازمة لخدمة أغراض التخطيط.

(د) المساعدة في رسم السياسات وترشيد القرارات الإدارية.

مجالات استخدام نظام التكاليف:

لم يعد استخدام محاسبة التكاليف قاصراً على المنشآت الصناعية فقط فقد امتد تطبيق محاسبة التكاليف إلى الأنشطة الزراعية و الخدمية والمصرفية وغير ذلك من الأنشطة، ومن العوامل التي ساهمت في اتساع مجالات التطبيق ما يلي:

(أ) تطور هدف محاسبة التكاليف، فلم يعد الهدف قاصراً على تحديد تكلفة الإنتاج وتقويم المخزون وإنما امتد ليشمل المساعدة في الرقابة على التكاليف وتوفير البيانات لإعداد الموازنات التخطيطية وترشيد القرارات الإدارية.

(ب) أملت المنافسة الشديدة بين الشركات إلى أهمية البيانات التكاليفية التي تساعد الإدارة على خفض تكاليفها سواءً الإنتاجية أو التسويقية أو الإدارية وبالتالي تخفيض سعر البيع.

(ج) أدت ضخامة وكبر المنشآت غير الصناعية وتشعب وتشابك أنشطتها إلى صعوبة مراقبة أوجه النشاط المختلفة بالاعتماد على الملاحظة المباشرة للعاملين. ولذلك دعت الحاجة إلى وجود نظام للتكاليف يقدم تقارير رقابية عن تكاليف وإيرادات كل نشاط.

(د) إن محاسبة التكاليف لم يعد مجال تطبيقها منحصراً في مجال واحد، وإنما شملت كل المجالات والأنشطة، فطالما أن هناك نشاطاً فإن هناك تكلفة، وحيثما وجدت التكلفة ظهرت الحاجة إلى قياسها وضبطها وتخطيطها.

علاقة نظام التكاليف بنظام المحاسبة المالية:

تتصف المحاسبة المالية بأن بياناتها تاريخية أي أنها تسجل الأحداث المالية التي حدثت فعلاً بعد حدوثها، وإن المحاسبة المالية تُركز على الإجماليات دون الاهتمام بتفصيلات الأحداث المالية.

أما نظام محاسبة التكاليف فبياناته تاريخية بما حدث فعلاً، وكذلك بياناته تقديرية ومعيارية وهي بيانات متعلقة بالمستقبل. كما أن نظام محاسبة التكاليف يقدم بيانات تحليلية أي تفصيلية وليست إجمالية. أي أن محاسبة التكاليف تغطي القصور الموجود في نظام المحاسبة المالية.

وعلى الرغم من استقلال نظام محاسبة التكاليف عن نظام المحاسبة المالية إلا أن هناك ارتباط وثيق بينهما تتضح مظاهره في الآتي:

(أ) مطابقة بيانات ونتائج كلا النظامين، فطالما أن النظامان يخدمان نشاطاً واحداً فإن تفصيلات محاسبة التكاليف لابد وأن تتفق مع اجماليات المحاسبة المالية.

(ب) هناك تداول بين النظامين للبيانات، فمحاسبة التكاليف تستفيد من البيانات التي يستخدمها نظام المحاسبة المالية. وفي الوقت ذاته هناك بيانات أخرى تنساب من نظام التكاليف إلى نظام المحاسبة المالية.

(ج) هناك تعاون بين نظام محاسبة التكاليف ونظام المحاسبة المالية في إعداد الحسابات الختامية والمركز المالي.

فوائد تطبيق محاسبة التكاليف في المنشآت الصناعية

تساعد محاسبة التكاليف على زيادة الأرباح التي تحققها المنشأة سواء بطريق مباشر أو غير مباشر، ويتحقق هذا الهدف عن طريق مدّ الإدارة ببيانات صحيحة ودقيقة وفي الوقت المناسب لتساعدها في الرقابة على التكاليف.

لقد كان اهتمام الشركات سابقاً منحصراً في تحليل التكاليف الصناعية على أساس أن تلك التكاليف تشكل نسبة كبيرة من تكلفة الإنتاج وأنه يمكن تخفيض التكلفة النهائية عن طريق الرقابة على التكلفة الصناعية. ولكن هذا الاهتمام بدأ يمتد في الوقت الحاضر إلى تحليل ورقابة لتكاليف التسويقية والإدارية، وقد تتطلب دراسة التكاليف البيعية والإدارية إعادة النظر في الإجراءات والطرق المستخدمة بقصد تخفيض التكاليف إلى أدنى حد ممكن بقصد زيادة الأرباح.

بعض الفوائد الناجمة عن تطبيق محاسبة التكاليف بالنقاط التالية:

(1) تحديد تكاليف المواد المباشرة والأجور المباشرة والمصروفات الصناعية غير المباشرة المرتبطة بقسم من الأقسام الإنتاجية أو بمرحلة إنتاجية معينة وذلك للأغراض تقدير التكاليف ومراقبتها.

(2) دراسة وتحليل تكاليف المواد والأجور والمصروفات الصناعية غير المباشرة وذلك بقصد العمل على تخفيضها كلما أمكن ذلك عن طريق الرقابة عليها هذه التكاليف وتزداد فعالية تلك الرقابة كلما استخدمت الموازنات التخطيطية كأساس للمقارنة وتقييم الأداء.

(3) معرفة التكاليف الفعلية لوحدة المنتج ومقارنتها مع التكاليف المعيارية والكشف عن الانحرافات إن وجدت وتتيح هذه الانحرافات يظهر نواحي الإهمال أو الإسراف وبذلك يمكن تحديد مسؤولية رؤوساء الأقسام.

(4) تسهيل مهمة إعداد مجموعة من التقارير التي تساعد في اتخاذ القرارات الإدارية المتعلقة باستخدام آلات جديدة أكثر كفاءة مثلاً أو باستخدام مادة أولية جديدة أو إضافة منتجات جديدة بالإضافة إلى تحديد المنتجات غير الاقتصادية التي ينبغي استبعادها والكشف عن العمليات الرابحة والخاسرة وبشكل عام.

(5) تنظيم المخازن والرقابة عليها من خلال الجرد المستمر الذي يقلل من احتمالات الهدر والسرقة والضياع.

(6) تحديد وتحليل التكاليف الإدارية والبيعية ورقابتها عن طريق الموازنات التخطيطية.

محاسبة الفروع

لكل نوع من أنواع المحاسبة لا بد من توفر نظام محاسبي لها ، وإذا بحثنا عن نظام محاسبة الفروع ، فإننا سنجد طريقتين لتصميم هذا النظام وهما:

1- طريقة المركزية

2- طريقة اللامركزية

الطريقة المركزية

عندما نقول مركزية فهذا يعني بان هناك جهة واحدة فقط هي المسؤولة عن كل الفروع ، ومن الطبيعي أن تكون هذه الجهة هي المركز الرئيسي ، فالمركز الرئيسي سيكون بهذه الطريقة له مهام الإشراف والرقابة على الفروع من خلال تسجيل عمليات الفروع المالية في دفاتر الرئيسي وبالتفصيل ، فهل هذا الكلام يلغي دور الفروع نهائيا؟ بالطبع لا يمكن ذلك لان دور الفروع يكون في حفظ مجموعة من الدفاتر الإحصائية حول عملياته المختلفة سواء مع المركز الرئيسي أو الفروع الأخرى ومع عملاءه أيضا.

هناك عدة طرق ووسائل على المركز الرئيسي إتباعها لممارسة مهمة في الإشراف والرقابة على الفروع ضمن طريقة المركزية في تصميم النظام المحاسبي ، وهي كما يلي:

أولاً : المقبوضات النقدية

يتم تزويد المركز الرئيسي من قبل الفروع وبشكل يومي بصورة منظمة عن فواتير البيع مع توريد النقدية يوميا إلى المركز الرئيسي أو إيداعه بالبنك لحساب المركز الرئيسي.

هذا الكلام يعني إن مبيعات الفروع اليومية تحت سيطرة المركز الرئيسي وإشرافه وذلك لحصر البضاعة المتبقية عند الفروع ، وكذلك لحصر قيمة المبيعات النقدية والتي يجب توريدها يومياً للمركز أو إيداعها بحسابه.

إذن بإمكاننا هنا اعتبار الفروع عبارة عن وسيط بين المركز الرئيسي وعملاء الفروع.

ثانياً : المدفوعات النقدية

جميعنا نعرف بان حجم المدفوعات النقدية قد تكون ضئيلة وقد تكون كبيرة ، ونعرف أيضا بان هناك شيء اسمه السلف النقدية في المحاسبة ، فيتم صرف سلفة نقدية مستديمة للفروع بمقدار معين لتغطية المدفوعات ذو القيمة الضئيلة ، وكلنا نعرف بأن هذه السلفة المستديمة مدورة حتى نهاية السنة المالية ، يعني كل ما تنتهي السلفة يتم إرسال الفواتير المدفوع قيمتها منها إلى المركز الرئيسي وبصورة دورية ليتم إعادة تغذية السلفة من جديد من قبل المركز الرئيسي ...الخ.

أما إذا كانت المبالغ المطلوب دفعها كبيرة ، فعلى الفروع إرسال الفواتير إلى المركز الرئيسي والذي بدوره سيتولى عملية تسديدها.

ثالثا : شراء البضاعة

يتولى المركز الرئيسي عملية شراء البضاعة وإرسالها للفروع بحيث تكون مسعرة بإحدى الطرق التالية:

1- بثمن التكلفة .

2- ثمن البيع.

3- بسعر افتراضي يحدده المركز الرئيسي.

فكيف تتم تسعير البضاعة باستخدام هذه الطرق المختلفة ، هذا ما سنعرفه الآن مع تطبيقات بأمثلة.

قبل الخوض بالقيود المحاسبية والمثال علينا أن نعرف ما يلي:

- البضاعة التي يرسلها المركز الرئيسي للفروع وبغض النظر عن طريقة تسعيرها لا تعتبر مبيعات ولا يعتبر الإيراد منها محققا إلا إذا قامت الفروع ببيعها إلى طرف خارجي.
- البضاعة المحولة من فرع إلى فرع آخر فهي الأخرى لا تعتبر مبيعات ولا تعتبر إيرادا محققا إلا عند بيعها لطرف خارجي.

الطريقة الأولى : ثمن التكلفة

عندما يقوم المركز بإرسال بضاعة للفرع بسعر التكلفة يتم القيد التالي:

من حـ / الفرع كذا

إلى حـ / بضاعة مرسلة للفرع كذا

وعندما يقوم الفرع برد جزء من هذه البضاعة للمركز يتم عكس القيد السابق بقيمة البضاعة المردودة والمسعرة بالتكلفة.

من حـ / بضاعة مرسلة للفرع كذا

إلى حـ / الفرع كذا

عندما يقوم الفرع بتوريد حصيلة مبيعاته النقدية للمركز الرئيسي:

من حـ / النقدية – البنك

إلى حـ / الفرع كذا

أما المبيعات على الحساب فيكون قيدها:

من حـ / مديني الفرع كذا

إلى حـ / الفرع كذا

وإذا قام عملاء الفرع برد بضاعة فيكون القيد عكسي:

من حـ / الفرع كذا

إلى حـ مديني الفرع كذا

وفي نهاية السنة المالية يتم إجراء قيد ببضاعة آخر المدة لدى الفرع كما يلي:

من حـ / بضاعة آخر المدة للفرع كذا

إلى حـ / الفرع كذا

إذن نلاحظ أن عمل حساب الفرع المفتوح في سجلات المركز الرئيسي يقوم مقام حساب المتاجرة المعروف لدينا ، وفي نهاية السنة المالية يتم ترصيد هذا الحساب لمعرفة الربح أو الخسارة لهذا الفرع ، ومن ثم ترحيل رصيد هذا الحساب إلى حساب أرباح وخسائر الفرع.

وفي حساب أرباح وخسائر الفرع يتم تسجيل الإيرادات والمصروفات الخاصة به ليتم ترصيده واستخراج نتيجة العمليات للفرع (ربح أو خسارة)، هذا الرصيد يتم ترحيله إلى حساب الأرباح والخسائر العام.

ملخص الموضوع:

(1) يقوم المركز الرئيسي بفتح الحسابات التالية في سجلاته:

- حساب بضاعة مرسلة للفرع.
- حساب الفرع.
- حساب مديني الفرع (في حالة المبيعات على الحساب).
- حساب بضاعة آخر المدة للفرع.
- حساب أرباح وخسائر الفرع.

(2) حساب بضاعة مرسلة للفرع

- يتم تحميل الجانب الدائن لهذا الحساب بقيمة البضاعة المرسلة للفرع ، وتحميل الجانب المدين بقيمة البضاعة المردودة من الفرع للمركز.

(3) حساب الفرع

- يتم تحميل الجانب المدين من هذا الحساب بقيمة البضاعة المرسلة للفرع لإثبات وجودها لدى هذا الفرع وكذلك بقيمة البضاعة المردودة من عملاء الفرع للفرع وكذلك المصروفات المدفوعة .
- الجانب الدائن للحساب يتم تحميله بالبضاعة المردودة من الفرع للمركز ، وبقيمة الدفعات النقدية المحولة للمركز وبقيمة المبيعات على الحساب وبقيمة بضاعة آخر المدة.

- أما رصيد هذا الحساب فيتم تحميله للجانب المعني عند مجمل الربح او مجمل الخسارة.

(4) حساب مديني الفرع

- يتم تحميل جانبه المدين بقيمة المبيعات على الحساب.
- يتم تحميل جانبه الدائن بقيمة الدفعات النقدية المستلمة من المدينين وبقيمة البضاعة المردودة من قبلهم.

(5) حساب بضاعة آخر المدة

- يتم تحميل جانبه المدين بقيمة بضاعة آخر المدة لدى الفرع .

التكاليف المعيارية

مفهوم التكاليف المعيارية

يمكن النظر إلى المعيار أو المعايير على أنها مجموعة من المقاييس اللازمة لتحديد مدى التقدم في الأداء ألف على . ويمكن تعريف التكاليف المعيارية على أنها تكاليف محددة مقدما على أساس علمي ومعملي والتي تعتبر وسيلة من وسائل الضبط والرقابة أي أنها تمثل التكاليف التي يجب أن تكون بشرط أن يتم الأداء بأعلى كفاية ممكنة .

ويمكن تعريفها أيضا على أنها تقديرات حددت مقدما سواء لتكلفة وحدة منفردة أو عدد من وحدات الإنتاج أو الخدمات بغرض استعمالها كمقياس لمقارنة التكاليف الفعلية للأداء .

ويتضح من التعاريف السابقة إلى أن هناك إجماع على اعتبار التكاليف المعيارية تكاليف محددة مقدما ولكنها تختلف عن التكاليف التي يجب أن تحدث في فترة

مستقبلية وهى في كل هذا توضع على الظروف المتوقع سريانها في تلك الفترة لإمكانية تحقيقها في ظل كفاءة التشغيل المتوقعة.

مقومات التكاليف المعيارية

أن كون التكاليف المعيارية هي التنبؤ أو التحديد المقدم لما ينبغي أن تكون عليه التكاليف في ظل ظروف التشغيل المتاحة وأنها تستخدم كأساس لرقابة التكاليف ولقياس كفاءة الأداء يقود ذلك إلى القول بأن هناك شروط ومقومات يجب توافرها في المعيار، فالمعايير كأدوات قياس ذات مواصفات معينة فنية ومالية تتعلق بالمستقبل وتنطوي على التنفيذ وتخدم أهدافا معينة ومن ثم يجب أن تتوافر فيها المقومات التالية:

(1) المناسبة :أي أن يكون المعيار مناسبا للغرض من استخدامه، فالمعايير أداة من أدوات القياس تستخدم للحكم على مدى سلامة الأداء ألف على وكفاءة إنجاز العاملين يجب إذن أن توضع بشكل يمكن القياس عليه ومن ثم وجوب مراعاة امكانات العمل وظروفه ومستوى الكفاءة والمتغيرات الأخرى المنتظر أحاطتها بالنشاط فترة سريان المعيار .

(2) الوثوق فيه : يجب أن يكون هناك ثقة في المعايير عند استخدامها ويجب أن تتحقق الشعور بالعدالة، حيث أن المعايير تحدد وتوضع بناء على دراسة وتجارب معملية متوافرة فيها صفات معينة وبمجرد اعتمادها فأنها يجب أن تكون ملزمة للعاملين أي أن اعتماد المعيار والموافقة علية يجعله مقياس للأداء ومن ثم يجب مراعاة الدقة في تحديده والتأكد من اخذ المتغيرات المؤثرة فيه في الحسبان من كفاءة وإمكانيات وطاقة .

(3) موضوعي :أي انه يمكن التحقق منه وخالي من التحيز ويمكن الدفاع عنه أي أن الموضوعية تتطلب أن يكون المعيار مفهوم واضح بما لا يترك مجال للحدث والتخمين للقائمين بالتنفيذ .

(4) الثبات :ينبغي أن تبقى المعايير ثابتة ما بقيت الاعتبارات والمتغيرات التي وضعت في ضوئها كما هي لم تتغير . ويرتبط مفهوم الثبات بمفهوم اقتصادية المعيار من حيث الوقت والتكاليف في تحديده واستخدامه .

(5) الشمول :فبرنامج التكاليف المعيارية ينبغي أن يتصف بالشمول أي أن يتم معايرة كل المجالات المالية في المنظمة ما أمكن وليس الاقتصار على عنصر التكاليف فقط حيث أن ذلك يساهم في تحقيق الترابط الكامل بين كل القيم المالية في المنشاة مما يعمل على الفائدة المرجوة وصولا للأهداف المرغوب فيها من تصميم نظم التكاليف المعيارية ومعايرة النشاط .

(6) المرونة: يعنى ضرورة وضع معايير لجميع عناصر التكاليف وبنود الإيرادات في المنظمة وتكون هذه المعايير لأكثر من مستوى من مستويات النشاط حتى يمكن مقارنة التكاليف الفعلية مع التكاليف المعيارية لنفس حجم النشاط الذي تحقق فعلا خاصة فيما يتعلق بعناصر التكاليف المرتبطة بحجم النشاط .

شروط نجاح نظام للتكاليف المعيارية

(1) توافر وعى محاسبي تكاليفي لدى الإدارة التنفيذية والمشرفين هذا الوعي يمكن أن يؤدى إلى تحقيق وفورات في كل أوجه الأعمال بما يساهم في النهاية في تخفيض التكاليف إلى المستوى المرضى .

(2) تعنى عملية المعايرة في ذاتها المحاولة التي تبذل لاستكشاف أفضل الأساليب أن هذا يتطلب تعاونا وثيقا وفعالا بين الفنيين ومحاسب التكاليف لتحديد طرق وأساليب الأداء وتطويرها إذا اقتضى الأمر .

(3) العمل على الاستفادة من البيانات والمعلومات المحاسبية المستخرجة من الدفاتر والسجلات من جهة وأيضا الحصول على اقتراحات المسؤولين عن التنفيذ من جهة أخرى وذلك لتهيئة الظروف التي تمكن من تحقيق المعيار بدقة والتغلب على الصعوبات التي تواجه القائمين بالأداء في مكان العمل .

(4) ضرورة تحديد مراكز المسؤولية لمجالات النشاط المختلفة التي تخضع لرقابة الإدارة حتى يمكن معرفة المسؤولية عن انحرافات نتائج الأداء الفعلية عن المعايير، فبرنامجا ناجحا للتكاليف المعيارية يجب أن يعتمد على تحديد واضح للمسؤوليات يتم المحاسبة على أساسها ولعل ذلك يتطلب تنظيما إداريا يتم فيه الفصل بين مسؤوليات الإدارات والأقسام كما يتم فيه تحديد واضح للسلطات والاختصاصات للعاملين في المنظمة .

(5) تحديد واضح ودقيق لعلاقة عناصر التكاليف المختلفة بوحدة التكلفة وتحجم النشاط الذي يوضع له المعايير .

(6) الربط الجدي والهادف بين الأهداف الخاصة بالعاملين ولين أهداف المنظمة ذاتها وهو ما يعرف بمبدأ الإدارة بالأهداف والذي يعنى أن يحقق العامل أهداف المنظمة التي ينتمي إليها من خلال تحقيقه لأهدافه الخاصة .

(7) نظام معلومات (تقارير رقابية) تستخدم كوسيلة فعالة في حصر وتحديد الانحرافات وأسبابها والمسؤولين عنها بما يتفق ومحاسبة المسؤوليات .

طرق معايرة التكاليف

تزايدت البحوث في السنوات الأخيرة من الخبراء عن أهمية استخدام التكاليف المعيارية لتخطيط ورقابة التكلفة، وذلك بهدف التأكد من استخدام الموارد المتاحة المادية والبشرية الاستخدام الأمثل وتحقيق أعلى مستوى كفاءة إنتاجية للمنشاة ككل، ويستخدم في معايرة عناصر التكاليف عدة طرق لإقرار مجموعة البنود المعيارية التي تمثل عناصر الإنتاج اللازمة لتحقيق المنتج النهائي بأقل تكلفة ممكنة دون إسراف أو ضياع مع مراعاة مستوى الجودة المطلوب والمواصفات القياسية .

ومن أهم طرق معايرة التكاليف ما يلي :

1- معايرة عنصر التكاليف وفقا لمستوى تشغيل عادى :

ووفقا لهذه الطريقة يتم إعداد معايير عناصر التكاليف طبقا لما يجب أن تكون عليه التكاليف في خلال دورة تشغيل كاملة حيث تعتمد المعايير في إعدادها على متوسط التكاليف لعدة فترات سابقه على ضوء ما يتوقع من تغيرات في الأسعار وحجم النشاط لمستوى الكفاءة الإنتاجية .

ومن ثم يمكن القول أن المعايير العادية تمثل أرقام متوسطة تميل إلى الأخذ في الاعتبار التغيرات الناشئة عن العوامل الموسمية والتطورات الاقتصادية .

إلا أن الاستخدام البسيط لمتوسطات جزئية لمعايير عناصر التكاليف لا يخدم أغراض قياس الكفاءة الإنتاجية لإعطائه صورة متوسطة غير حقيقية وليست ممثلة للواقع .

حيث لا يمكن القول أن معيارا رشيدا يصلح للتطبيق خلال سنوات مع مستويات مختلفة لأحجام الإنتاج . ويعتبر هذا النوع من اقل أنواع المعايير إحكاما وبالتالي اقلها صلاحية لأغراض الرقابة وقياس الكفاءة الإنتاجية .

2- معايرة عناصر التكاليف وفقا لمستوى تشغيل مثالي أو نظري :

ووفقا لهذه الطريقة يتم إعداد معايير عناصر التكاليف طبقا لما يجب أن تكون عليه اقل تكاليف ممكنة نتيجة لتحقيق أقصى كفاءة إنتاجية ممكنة دون الأخذ في الاعتبار بالمسموحات سواء كانت عادية أو غير عادية . وتمثل المعايير المثالية (النظرية) أدنى تكلفة يمكن تحقيقها في ظل أفضل ظروف تشغيل ممكنة ويقصد بذلك أن هذا المعيار عند وضعه يفترض أن المواد الخام ذات جودة عالية وان التجهيزات الآلية دائما في حالة جيدة وان كل عامل يؤدى عمله بأقصى كفاءة إنتاجية ممكنة . لذلك فإن الوصول إلى هذا المعيار أمر يصعب تحقيقه في الواقع العملي كما انه قد يضعف معنويات العاملين ومن ثم فهو لا يصلح لقياس الكفاءة الإنتاجية لعناصر المدخلات.

3- معايرة عناصر التكاليف على أساس المستوى المتوقع مرجح بسنة الأساس:

ووفقا لهذه الطريقة يتم إعداد معايير عناصر التكاليف باستخدام بيانات التكلفة التاريخية التي تمت لمستوى إنتاج محدد وتعديلها لتلاءم مستوى الإنتاج المتوقع مع الأخذ في الاعتبار الضياع والعطل الحتمي الذي لا يمكن التحكم فيه واعتبار ذلك معيارا للفترة القادمة .

وبالتالي فإن الانحرافات الناتجة عن ضعف مستوى الكفاءة الإنتاجية والأخطاء التي حدثت في الماضي سوف تظل تحدث ولا يمكن التخلص منها كلية وبالتالي فان هذه المعايير لا تصلح لأغراض قياس الكفاءة الإنتاجية لعنصر العمل . وتفترض هذه المعايير انه لن يحدث اختلاف في مواصفات وخصائص المنتجات كما أن التسهيلات الإنتاجية وطرق الإنتاج ستظل كما هي عليه عند وضع المعايير . وبالتالي فمن الصعب جدا تطبيق هذه المعايير نظرا لصعوبة تحقق الافتراضات الخاصة بها . ويعاب على هذا النوع من المعايير عدم واقعيته وبذلك فإن هذا النوع من المعايير يتصف بعدم المرونة ولا يتلاءم مع الواقع ولا يصلح لأغراض قياس الكفاءة الإنتاجية لعناصر المدخلات .

4- معايرة عناصر التكاليف باستخدام الطريقة المعملية :

وتقوم هذه الطريقة على أساس إجراء دراسة معملية لعنصر التكلفة المراد معايرته عن طريق مجموعة من المشاهدات يقوم بها مجموعة من الفنيين المتخصصين داخل مراكز الإنتاج أثناء تأدية دورة في إتمام العملية .

ويعاب على هذه الطريقة أنها تهتم فقط بالجانب الكمي ولاتصل إلى الأسعار المعيارية، وبالتالي فأن هذه الطرقة لا تصلح لأغراض قياس الكفاءة الإنتاجية لعنصر العمل كما أنها تعتمد على عنصر التقدير الشخصي من قبل الباحثين .

5- معايرة عناصر التكاليف باستخدام الطريقة الإحصائية :

بمقتضى هذه الطريقة تستنبط معايير عناصر التكاليف عن طريق المعالجة الإحصائية لبيانات التكاليف الموجودة بالفترات الماضية ثم تحديد الاتجاه العام بها في الفترات التالية، ومن ثم تحديد الرقم الذي يتخذ كمعيار ويعاب على هذه الطريقة استخدامها لبيانات تاريخية تمت دون رقابة أو دراسة مما يشوبها عناصر الإسراف

والضياع في بعض البنود . ويعاب أيضا على هذه الطريقة أيضا أنها تستخدم بيانات تاريخية وليست معيارية لم تتحقق عند حساب الاتجاه العام لكل من إنتاجية عنصر العمل وتكلفته مما ينعكس على مستوى الكفاءة الإنتاجية لعنصر العمل . وأيضا لا تأخذ في الاعتبار التنبؤ بظروف المستقبل والتغيرات الموسمية والظروف الاقتصادية وكذلك أنها تهمل مستوى الكفاءة الإنتاجية لعنصر العمل والإمكانيات المتاحة والتي قد لا تكون هي ذاتها التي حدثت في الماضي .

إلا أن الطريقة الإحصائية للمعايرة لا تعتبر معيبة على طول الخط فتهمل ويستغنى عنها كلية فهي مع كثير من بنود التكاليف قد تكون لازمة بل الوحيدة التي تفيد .

6- معايرة عناصر التكاليف باستخدام الطريقة الواقعية للمعايرة :

تعتمد هذه الطريقة في معايرتها لعناصر التكاليف على البيانات التاريخية بالإضافة إلى معالجة هذه البيانات بإجراء الدراسة العملية والعلمية لتعديل المعايير لتواكب الظروف والقدرات المتاحة للمنشاة مع الأخذ في الاعتبار الظروف التي من المتوقع أن تسود أثناء فترة التشغيل حتى يكون المعيار واقعي وملائم لتلك الظروف .

وتعتمد هذه الطريقة في إعداد معايير عناصر التكاليف على أربعة أركان رئيسية:

1- البيانات التاريخية والتجارب الماضية .

2- الإمكانيات والقدرات المتاحة .

3- الأصول العلمية والفنية للصناعة والنشاط .

4- التنبؤات عن أحوال الفترة التي تستخدم فيها المعايير .

وتعد هذه الطريقة في معايرة التكاليف انسب وسيلة واقدرها على بناء معايير واقعية معبرة عن دائرة إمكانيات المنشاة وقدرتها المتاحة ومستوى الكفاءة الإنتاجية لعناصر المدخلات .

وتتميز هذه الطريقة بأنها :- توضح لنا معايير التكاليف الواقعية لمعالجة الإسراف وتنمية الكفاءة .

- تعمل على تلافي عيوب الطرق السابقة .
- إمكانية تحديد معايير التكاليف التي تمثل المقادير الكافية للعناصر منتج لكل عمل عند أي مستوى من مستويات التشغيل.

المنهج العلمي لقياس وتحليل انحرافات التكاليف

الافتراضات الأساسية التي يقوم عليها المنهج المحاسبي لقياس وتحليل انحرافات التكاليف:

يقوم المنهج المحاسبي في قياس وتحليل انحرافات التكاليف على إيجاد الفرق بين التكلفة الفعلية والتكلفة المعيارية لبرنامج الإنتاج الفعلي بهدف أحكام الرقابة على التنفيذ وتجديد الانحرافات، حيث انه الهدف الرئيسي لنظام التكاليف المعيارية .

وينقسم معيار التكلفة لأي عنصر من عناصر التكاليف(أجور- مواد- تكاليف صناعية) إلى قسمين :

1- الشق المادي للمعيار : ويمثل الاحتياجات المادية اللازمة لخلق وحدة المنتج من كميات المادة وساعات العمل البشرى والآلي .

2- الشق النقدي للمعيار : ويتمثل في أسعار المواد ومعدلات الأجور والتكاليف الصناعية .

وتختلف وجهات النظر المحاسبية في تناول تقسيمات أنواع المعايير وذلك تبعا للهدف الذي تسعى لإبرازه إلا أنها جميعا تقوم على مجموعة من الافتراضات الأساسية التي تحكم أسلوب بنائها وكيفية استخدامها في مجال الرقابة على أداء العنصر البشرى وهذه الافتراضات هي :

الافتراض الأول : وجود علاقة خطية بين المدخلات والمخرجات :

إن المعايير المستخدمة تقوم على افتراض أساسي وهو وجود علاقة خطية ذات نسب ثابتة بين المدخلات والمخرجات ويترتب على ذلك أن أصبح المعيار يمثل قيمة ثابتة يفترض إمكانية استخدامه لأغراض التخطيط والرقابة خلال مراحل الإنتاج . وبناء على هذا الافتراض فان تحليل انحرافات التكاليف لعناصر المدخلات يترتب عليه تحقيق هدف أساسي من أهداف نظام الرقابة على التكاليف يتمثل ذلك في المحافظة على مستوى الكفاءة الإنتاجية لعناصر المدخلات وتحديد الانحرافات عنها .

ويعتبر افتراض خطية العلاقة بين المدخلات والمخرجات من وجهة النظر المحاسبية شرط أساسي لإمكان تحديد معايير التكلفة على مدار فترة الإنتاج يتم استخدامها في أغراض تخطيط ورقابة الأداء وان كان يتعارض مع وجهة النظر الاقتصادية حيث أن متوسط التكلفة المتغيرة يتأثر بحجم الإنتاج خلال الفترة الزمنية . حيث أن التغيير في مستويات الإنتاج يعد احد العوامل التي تؤثر على تحديد قيمة المعيار حيث أن تحديد المعيار في صورة رقم ثابت قد يؤدى إلى تفسير مضلل لانحرافات التكلفة الفعلية عن التكلفة المعيارية إذ أن الانحرافات قد تنشأ عن اختلاف حجم الإنتاج الفعلي عن المدى الإنتاجي الذي وضعت المعايير على أساسه. وعلى الرغم من تجاهل هذا الافتراض لبعض العوامل الاقتصادية والفنية إلا أن

تحديد قيمة ثابتة لمعيار يحظى بقبول المحاسبين لأغراض تحديد تكلفة الإنتاج والرقابة على التنفيذ .

الافتراض الثاني:اعتبار أن انحرافات التكاليف ترجع إلى مستوى الكفاءة في الأداء :

تتمثل معايير التكلفة الذي يجب أن تكون علية إذا ما سادت أثناء فترة التنفيذ الفعلي نفس الظروف التي وضعت المعايير على أساسها وبناء على هذا الافتراض فإن أي انحرافات تحدث للتكلفة الفعلية على المعايير ترجع إلى مستوى الكفاءة للعنصر البشري إلا أن هذا الافتراض يتجاهل الانحرافات الناشئة عن التقلبات العشوائية في طبيعة العملية الإنتاجية مثل أخطاء القياس والفشل في الرقابة .

ويمكن إرجاع أسباب الاختلاف بين التكلفة الفعلية والتكلفة المعيارية إلى:

- التقلبات العشوائية في مستويات أداء عنصر العمل أو في العملية الإنتاجية ذاتها أو في الظروف المحيطة بها وهذه الانحرافات يصعب إخضاعها للرقابة .
- عدم تناسب المعايير مع طبيعة العملية الإنتاجية نتيجة إهمال بعض الظروف عند وضع المعايير وهذا يتطلب تعديل المعايير حتى تصبح أكثر واقعية .
- عدم توافق الداء الفعلي لعنصر العمل مع ما يجب أن يكون عليه الأداء في ظل الظروف المحيطة بالعمل .

وحيث أن الأسلوب المحاسبي في قياس وتحليل انحرافات التكاليف يفترض سلامة المعايير المحددة مقدما بالإضافة إلى تجاهل التقلبات العشوائية عند وضع المعايير، لذلك فهو يركز على قياس وتحليل الانحرافات التي ترجع للسبب الثالث أي اعتبار الن الانحرافات المكتشفة عن المعايير ترجع إلى كفاءة أداء عنصر العمل .

عمليات الإنتاج

تشمل دورة الإنتاج التصنيع ألف على للمنتجات، وهي الطريقة التي من خلالها يتم إنجاز هذا النشاط تختلف بشكل كبير بين الشركات ويعود هذه الاختلاف إلى نوع المنتج الذي يتم إنتاجه ودرجة الاكتمال المستخدمة في عملية الإنتاج.

ويعتبر إنتاج أشكال مختلفة من تكنولوجيا المعلومات في عمليات التصنيع ومعالجة البيانات الناجمة عن هذه العمليات. ومن آثار التصنيع المدموج بالكمبيوتر هي الانتقال من الإنتاج الكمي إلى التصنيع وفق الأوامر، مما يؤدي إلى تخفيض التكاليف المجملة على المخزون. لذلك يجب أن يقوم نظام المعلومات المحاسبية بخلق التكامل بين المعلومات الواردة من دورات الإيرادات والمصاريف والإنتاج.

وهناك أهداف ومخاطر وإجراءات للرقابة تشمل على تحقيق كل عمليات الإنتاج مرخصة بشكل مدقق، ومخزون الإنتاج تحت التشغيل وتجهيزات الإنتاج محمية بشكل كافي، وكل عمليات دورة الإنتاج نظامية ومصرح بها، وكل عمليات دورة الإنتاج تم تسجيلها بشكل دقيق، وكل نشاطات دورة الإنتاج قد أنجزت بشكل فعال وكفء.

إن الإنتاج غير المصرح به أصولاً يمكن أن يؤدي إلى عرض البضائع بشكل يزيد عن الطلب في المدى القصير الآجل وبالتالي يمكن أن يؤدي إلى احتمال حدوث مشاكل في التدفقات النقدية لأن الموارد قد تم تجميدها في المخزون. حيث أن الإنتاج الزائد يزيد أيضاً من خطر امتلاك مخزون قد يصبح قديماً. أو قد يحصل سرقة أو تلف المخزون والتي تعتبر من أهم المخاطر للشركات المصنعة حيث بالإضافة إلى خسارة الموجودات فإن السرقة تسبب الإفصاح بقيمة أعلى من الحقيقية للأصول وذلك يؤدي إلى تحليل خاطئ للأداء المالي والمخزون. يجب هنا توثيق جميع العمليات المتعلقة

بالمخزون وبذلك يجب أن يستخدم طلبات المواد للترخيص بإخراج المواد الأولية للإنتاج.

وهنالك خطر لفقدان البيانات تمنع من مراقبة المخزون والموجودات الثابتة وتجعل من الصعب التأكد مما إذا كانت أنشطة الإنتاج قد تمت بكفاءة وفعالية، ولذلك فإن سجلات المخزون والبضاعة تحت التصنيع يجب أن يحمي من التلف أو الفقدان المقصودين وغير المقصودين.

تحليل التكلفة والمنفعة في تقييم النظم المحاسبية

مفهوم المنافع:

هي مجموعة تتكون من الخفض في مخاطر الفشل في تحقيق الأهداف الضمنية التي يحتويها تعريف الرقابة المحاسبية. أو الخفض في احتمالات ضياع أو فقدان الأصول.

خطوات تحليل التكاليف والمنافع

(1) تحديد أي الإجراءات الرقابية إن وجدت يمكنها تقليل أو معالجة تلك المخاطر وتصحيح الضعف في النظام الرقابي.

(2) مقارنة التكاليف التي يتضمنها الإجراء الرقابي بالخفض في المخاطر المفصح عنها.

(3) تحديد مقدار المخاطر المتوقعة نتيجة إجراءات الرقابة.

(4) التوصل إلى قرار بشأن التحليل.

(5) الأخذ بعين الاعتبار للمنافع الكمية إن وجدت مع العمل على قياسها كمياً.

(6) قياس التكاليف المضافة المرتبطة بالإجراء الرقابي المحدد.

(7) إعداد التوثيق اللازم للقرار.

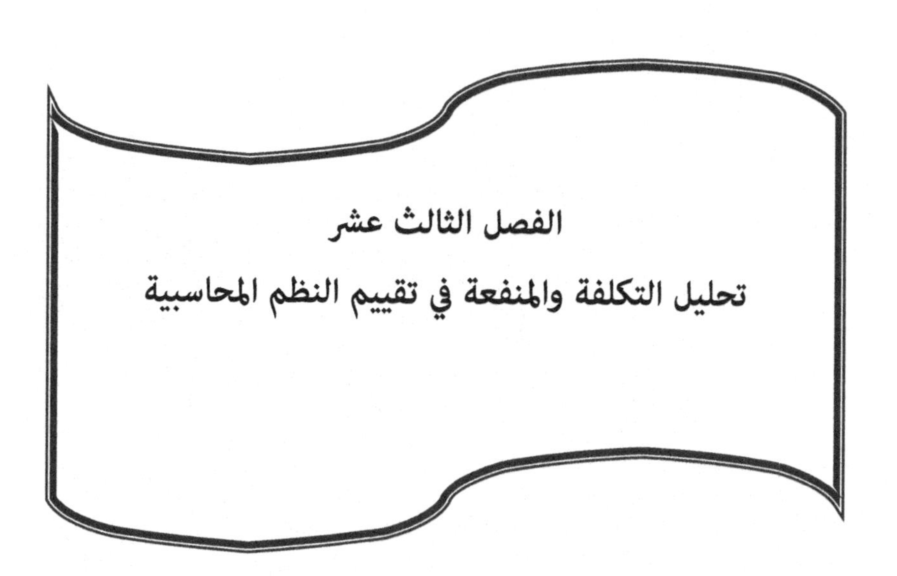

الفصل الثالث عشر

تحليل التكلفة والمنفعة في تقييم النظم المحاسبية

تحليل التكلفة والمنفعة في تقييم النظم المحاسبية

تحليل التكاليف والمنافع في النظم الفرعية للرقابة على المبيعات والعملاء

تتضمن عملية تحليل النظم الفرعية استعراضاً شاملاً لأهداف نظام المعلومات المحاسبية في المنظمة، وتحديد الأهداف التفصيلية على مستوى النظم الفرعية. وعلى ضوء ذلك يتحدد تحليل مجالات النظم الفرعية من خلال تحديد أنماط العمليات التي تغطيها تلك النظم. وبعد ذلك التعرف على الوظائف التي ينطوي عليها أداء تلك العمليات أو المهام لكل نمط منها على حدة. وتفهم شكل تدفق المعلومات القائم.

ومن ثم تتبع النماذج والتقارير مع إعداد المقترحات المبدئية وبعد إخضاع كل اقتراح لتحليل التكاليف والمنافع ويتم تلخيص النتائج في صورة خرائط تدفق رقابية وتوصيفاً للإجراءات وتقارير تتضمن التوصيات التي يجب أن تقدم للإدارة.

ويمكن إيضاح ذلك في الشكل التالي:

البيانات العامة المستخدمة في تحليل التكاليف والمنافع	
- متوسط المبيعات الأسبوعية الآدلة	50000 جنيه
- رصيد حسابات العملاء	305000 جنيه
- متوسط معدل الديون المعدومة للمبيعات الآجلة	
- متوسط الصناعة	%2,4
- متوسط الديون المعدومة وفقاً للخبرة الماضية	112500 جنيه
- متوسط فترة الائتمان في الصناعة	35 يوماً
- متوسط معدل الخطأ في إعداد الفواتير :	
- متوسط الشركة منسوباً للمبيعات الآجلة	%2
- متوسط المعدل المتوقع في ظل النظام المقترح للمراجعة	% .5
- نفاذ المخزون:	
- متوسط النفاذ الطبيعي بتحسين الرقابة	78000 جنيه
- متوسط معدل حسابات المخزون	%1.1
- معدل النفقات العامة كنسبة من النفقات	%30
- معدل الفائدة	%18

الاقتراح باستخدام فواتير المبيعات

يقوم اقتراحنا المبدئي على أساس استخدام الفاتورة لمبيعات مقسمة إلى (6) أقسام لتحل محل كل من:

- أمر البيع ذي الأربعة أقسام.
- فاتورة البيع ذات الثلاثة أقسام.

إن ذلك الاقتراح يتحقق من خلال إمكانية مراقبة تنفيذ المطالبات بمعرفة الأقسام الداخلية، وتكون على الشكل التالي:

- تحليل التكاليف والمنافع للاقتراح:
- احتساب التكاليف:

التكاليف المبدئية لطباعة الفواتير المقترحة 2000 جنيه

- احتساب المنافع:

متوسط المبيعات الأسبوعية على الحساب 50000 جنيه

الخفض في تأخر المطالبات من أسبوع إلى يوم لمتوسط يومين

أو 20000 جنيه / 50000 ÷ 5 × 2

المنافع = معدل الوفر السنوي على 20000 × 18% = 3600 جنيه

زيادة المنافع على التكاليف 1600 جنيه

منافع إضافية غير كمية

إن توفير (20) ساعة عمل أسبوعية لموظفي التحصيل نتيجة أن أعمال المطالبات ستتم مباشرة بمعرفة الأقسام الداخلية، وهذه المنفعة غير قابلة للقياس الكمي نتيجة عدم وجود خفيض مباشر في تدفقات الموارد الخارجية.

ويتم الاقتراح بتأكيد منح الائتمان من خلال:

(1) قيام مدير الائتمان بفحص الموقف الائتماني للعميل عند كل تعامل.

(2) تتبع ومراقبة التحصيل البطيء من بعض العملاء.

ويكون تحليل التكاليف والمنافع:

التكاليف المرتبطة بتعين مدير الائتمان:

- المرتب 30000 جنيه

- المميزات الوظيفية 30% 9000 جنيه

- التكاليف الأخرى المرتبطة بالنشاط 3000 جنيه 42000 جنيه

(تليفون/ انتقالات....الخ)

احتساب المنافع التي يمكن تحقيقها من الاقتراح:

(1) متوسط الديون المعدومة للعام الماضي

112500 جنيه الديون المعدومة كنسبة مئوية

من المبيعات وقدره 2600000 جنيه = 50000 × 52 أسبوع

متوسط معدل الصناعة للديون المعدومة 24% من المبيعات

أو 62400 جنيه على مبيعات إجمالية 2600000 جنيه

المنافع هي وفر في الديون المعدومة قدره 112500-62400= 50100جنيه

(2) متوسط فترة الائتمان العام الماضي:

رصيد العملاء 305000 ÷ المبيعات 2600000× 365= 248 يوم

متوسط فترة الائتمان في الصناعة 35 يوماً أو 249300 جنيه/رصيد

العملاء على مبيعات آجلة 2600000 جنيه

المنافع هي الوفر السنوي في الفوائد التالية:

55700 جنيه (305000- 249300) × 18% = 10000 جنيه

جملة المنافع 60100 جنيه

زيادة المنافع على التكاليف = 18100 جنيه

منافع أخرى غير قابلة للقياس الكمي

تتضمن تحسين سبل الاتصال بالعملاء مما يسمح للإدارة التسويق بأن ترفق مع كشوف الحسابات إعلانات عن مبيعاتنا الجديدة، وخفض عدد مرات استفسارات العملاء فيما يتعلق بأرصدة حساباتهم طرف المنشأة.

ويمكن تحليل التكاليف والمنافع في نظم الرقابة اليدوية من خلال تكاليف المرتبات المرتبطة بتلك النظم، أما فيما يتعلق بالتكاليف القابلة للقياس الكمي تتمثل في تكاليف التركيز في التحسينات في استغلال الأصول أو القابلية للمحاسبة عنها وفي معظم الحالات فإنه يتم تكون القابلية للتكاليف والمنافع للقياس قطيعة وواضحة من حيث المقارنة فإن القرارات الإضافية أو عدم إضافة نظام رقابة داخلية محاسبي يمكن أن يتم ببساطة استناداً إلى تلك البيانات الكمية، أما مكونات تحليل التكاليف والمنافع في نظام الرقابة الداخلية اليدوي تشمل على تكاليف مبدئية لمرة واحدة تتمثل في بناء حواجز ووسائل أمن أخرى، والتصميم المبدئي وتكاليف طباعة نماذج جديدة. وأيضاً تكاليف تتحقق دورياً في مرتبات الموظفين الإضافيين الواجب تعيينهم وميزاتهم الوظائفية. وهنالك تكاليف الفرصة البديلة في تكلفة الفائدة الضائعة نتيجة الاستثمارات في مشروع استثماري غير قابل للتنفيذ المنافع.

تحليل التكاليف والمنافع في نظم الرقابة في الحسابات الآلية

إن استخدام الحاسبات الآلية في المعالجة للبيانات أصبح أمر لدى العديد من المنشآت ومستخدمي البيانات، فإذا أخذنا في الاعتبار تلك السرعة في المعالجة للبيانات، وبافتراض أن تفاوتاً محدوداً في الزمن مقاساً بالثواني في تجهيز تلك البيانات قد لا يكون له تأثير على طاقة استخدام الحاسب الآلي، ولذلك فإن تحليل التكاليف والمنافع في نظم الرقابة من خلال الحاسبات الآلية نادراً ما يعير مثل تلك الإجراءات الرقابية اهتماماً، ولكنه يهتم بدرجة كبيرة بالجوانب المادية المتعلقة بالحماية المادية لمصادر المعلومات للحاسبات ونواتج تلك في معالجة ما توفر لديها من بيانات.

وهنالك مثال لتوضيح ذلك:

افتراض أن تحليل التكاليف والمنافع في مجالات الرقابة الوقائية لنظم المعلومات الآلية كانت كما يلي:

- قياس التكاليف المتعلقة بنظام الرقابة:

- التكاليف المبدئية:

تكاليف إنشاء نظام أمني "إجراءات ولوائح مكتوبة للمسؤولين على الحاسب - نظام ترميز خاص وإشارات للعاملين في قسم أو إدارة الحاسب - نظام تحكم في السجلات...الخ، وذلك لتحديد وتأكيد أن التعامل مع الحاسب لن يتم إلا من خلال الأفراد المخصيين، وتمثل مكتبة أشرطة وأقراص الحاسب 5000 دينار وتكاليف شراء أقراص وأشرطة احتياطية عدد (144) شريط لتخزين معلومات 12 شهراً بواقع 12 شريط شهرياً بسعر 15 دينار للشريط الواحد. وبذلك يكون الرصيد 2400 دينار.

أما تكاليف إعداد وتجهيز عدد (144) شريطاً على الحاسب بواقع (25) دينار للشريط. وعلى ذلك يكون النتائج كما يلي:

- التكلفة المبدئية الإجمالية 360 دينار

- تكاليف التشغيل: 11000 دينار

- تكاليف صيانة نظام الأمن 500 دينار

أما تكاليف تجديد بيانات الأشرطة وعددها (144) شريطاً إلغاء بيانات الشهر الماضي وإحلالها ببيانات الشهر الحالي كنسخ احتياطية.

- تكاليف مرتبطة بعملة التخزين والحفظ 3600 دينار

- تكاليف التشغيل الإجمالية 2000 دينار

- المنافع المرتبطة بالنظام 6100 دينار

- التكاليف المقدرة للعمل اليدوي لإعادة تكوين المعلومات المخزونة على الأشرطة:

500 ساعة عمل بشرى بمعدل 6.5 دينار للساعة 3250 دينار

الضرائب والمزايا الوظيفية بمعدل 20% 6500 دينار

200 ساعة على الحاسب الآلي بمعدل 25 دينار 5000 دينار

التكاليف المقدرة والمرتبطة بالتأثير الناتج عن إعادة تكوين المعلومات أو عدم المقدرة على إعادة خلق حسابات عملاء معينين:

البطء في التحصيل المتوقع بواقع 9% من الحسابات وبمتوسط شهر تأخير عن المعدل الطبيعي ← 5000000 × 9% = 12

ديون معدومة بواقع 2% من إجمالي حسابات العملاء

50000 × 2% = 100000 دينار

التكاليف المقدرة لاستنباط نظام جديد لحفظ المعلومات:

2000 ساعة عمل بشري بمعدل 6.5 دينار للساعة	13000 دينار
الضرائب والمزايا الوظيفية بمعدل 2%	2600 دينـــار
20 ساعة حساب آلي بمعدل 25 دينار للساعة	500 دينـــــار
جملة المخاطر الكمية موضع الحماية	197100 دينار

نسبة احتمال تحقق المخاطرة المقدرة:

بدون نظام الرقابة	5 %	
في ظل نظام الرقابة	صفر %	%5

إجمالي المنافع السنوية للتخلص من المخاطر 9855 دينار.

الفصل الرابع عشر

الرقابة ونظم المعلومات المحاسبية

الرقابة ونظم المعلومات المحاسبية

اختلاف السياسات والإجراءات الرقابية

(1) تغير الوثائق التقليدية والتي تعد أدلة تثبت العمليات، العمليات التي قام بها المشروع خلال فترة معينة مثلاً الفواتير للمبيعات/ فواتير الشراء، وتعتبر عنصر أساسي من عناصر الرقابة الداخلية، وكما أن استخدام الحاسب يؤثر على مجموعة الوثائق والمستندات، وهذا التأثير يختلف بحسب مستولى النظام الآلي وتعقيداته، حيث أن استخدام النظام الحاسب فقط لتسريع العمليات الحسابية فإن التأثير على وثائق المراجعة يكون قليلاً.

(2) تغيرات وتطورات في الهيكل التنظيمي والذي يؤدي إلى استخدام أسلوب المعالجة المركزية إلى تجمع البيانات وتراكم العمليات من مختلف أقسام المنظمة في قسم الحاسب، وقيام الحاسب بكامل عمليات المعالجة إلى التأثير في عنصر مهم من عناصر العملية الرقابية.

(3) تغيرات في طريقة المعالجة للبيانات والتي لاستخدام الحواسيب تأثير كبير على سرعة الحصول على البيانات واستخراجها مع توفر الثقة فيها والاعتماد عليها.

أهداف الرقابة العامة في نظم المعلومات المحاسبية

(1) الحماية المادية للأصول.

(2) معايير التوثيق.

(3) الرقابة المنطقية على الوصول إلى البيانات.

(4) تطوير خطة الأمن للنظام.

(5) الرقابة على نقل البيانات وتداولها.

(6) الفصل بين الوظائف.

الوظائف الرئيسية في قسم المعالجة للمعلومات

(1) محلل النظم والذي يعمل مع المستخدمين لتحديد مواصفات النظم والتطبيقات المقترحة يعمل على التعرف على المشاكل وتقديم الحلول وتحديد مواصفات النظام للمبرمجين.

(2) مدير قسم المعالجة والتي هي أعلى وظيفة في قسم المعالجة وهو المدير المسؤول عن تحديد الأهداف على المدى البعيد والقصير لقسم المعالجة وإدارة والتشغيل للعاملين في قسم المعالجة.

(3) مبرمج النظم وهو الشخص الذي يقوم بالإشراف على برمجة النظم وتطوير قدرة النظام ليستوعب حاجات المنظمة.

(4) مبرمج التطبيقات والذي يقوم بتطوير وكتابة البرامج التي يحددها محلل النظم.

(5) مسؤول المكتبة وهو المحافظ على المستندات ووسائط التخزين من الضياع والتلف.

(6) المشغل وهو الذي يقوم بتشغيل الأجهزة وتزويدها بوسائط التخزين المناسبة التي تحتوي على الملفات الضرورية لعمليات المعالجة.

(7) موظف إدخال البيانات وهو الشخص الذي يقوم بوضع البيانات في شكل مقروء من قبل الحاسوب.

(8) موظف الرقابة على البيانات وهو الذي يقارن المجاميع الرقابية المعدة يدوياً مع المجاميع الرقابية التي يعدها الحاسوب للتأكد من المدخلات كاملة.

الرقابة على التطبيقات

تهدف هذه الرقابة إلى التأكد من دقة التطبيقات من حيث المدخلات والبرامج والملفات والمخرجات، وإن العمليات التي يجب أن تعالج فقط هي التي تمت معالجتها، وأن عمليات المعالجة تمت بشكل واضح وصحيح، والتأكد من صحة وشمولية عمليات معالجة البيانات المحاسبية وأنها توزع بشكل صريح، ويوجد عدة عوامل يجب مراعاتها في تصميم أساليب الرقابة المحاسبية الجيدة منها دقة البيانات وشموليتها، وسلطة إقرار العمليات، ودقة معالجة البيانات وشموليتها، والتوقيت المناسب في المدخلات والمخرجات والمعالجة، وحمايتها والفعالية. وهنالك أقسام للرقابة على التطبيقات منها:

(1) **الرقابة على المدخلات:** والتي تهدف إلى توفير درجة تأكد معقولة من صحة اعتماد البيانات التي يستلمها قسم معالجة البيانات بواسطة موظف مختص، وتحويلها للكمبيوتر من أجل التعرف عليها. وتهدف أساليب الرقابة على المدخلات إلى التأكد من صحة ودقة وشمولية البيانات المستخدمة في نظم المعلومات المحاسبية، وهنالك أنواع للمدخلات المعتمدة على المحاسبة هي:

(أ) الرقابة على المدخلات المعتمدة على المستندات مثل الوثائق المحررة أو المكتوبة باليد. الوثائق الأصلية مثل أوامر البيع تملأ يدوياً وتقلل أخطاء هذه المرحلة إلى الحد الأدنى إذا تم تصميم الوثيقة الأصلية بشكل جيد.

(ب) الرقابة على المدخلات من دون مستندات وهي أنظمة خالية من الورق والتي لا يتدخل الإنسان فيها بدلاً من ذلك يمكن استلام أمر الشراء الناشئ من حاسب البائع وفق التبادل الإلكتروني للبيانات ومعالجتها أوتوماتيكياً.

(2) **الرقابة على المخرجات** - وهي أنظمة مصممة من أجل فحص نتائج معالجة وتشغيل البيانات والتحقق من صحة المخرجات والقيام بفحص تلك المخرجات. التي وزعت على الأقسام المستخدمة بدقة، حيث أن التقارير التي تصدر عن نظام المخرجات يجب أن تتم مراجعتها بدقة من قبل شخص رقابي في الأقسام المستخدمة لهذه التقارير ومن أجل التحقق من النوعية والمعقولية، ويهدف نظام الرقابة على المخرجات إلى التأكد من دقة مخرجات عمليات معالجة البيانات مثل التقارير أو أشرطة الملفات الممغنطة. ويجب التأكد من وجود نماذج ثابتة لأشكال التقارير، وأن محتوى التقرير يعكس البيانات المخزنة على الملفات، وإيصال الملفات إلى الأشخاص والذين يملكون حق الإطلاع عليها، والمحافظة على مواعيد إصدار التقارير.

(3) **الرقابة على المعالجة** - والتي تهدف إلى توفير درجة تأكد معقولة من تنفيذ عمليات معالجة البيانات الإلكترونية للتطبيقات المحددة، ويجب التأكد من أن البرامج المطلوبة لعملية المعالجة هو البرنامج الذي تم استدعائه، وأن الملفات التي يجب معالجتها هي الملفات التي تمت عليها عمليات المعالجة، ووجود ضوابط رقابية في برنامج المعالجة تمنع حدوث الأخطاء أثناء عمليات المعالجة. ويمكن أن تتعلق طبيعة الرقابة على المعالجة بطبيعة التنظيم للملف، أو تتابعي أو مفهرسي.

نظام الرقابة الداخلية وإجراءات التقييم

(1)إجراءات تنظيمية وإدارية

وتشمل ما يلي:

1- تحديد اختصاصات الإدارة والأقسام.

2- توزيع الواجبات بين الموظفين حتى لا ينفرد شخص بعملية من البداية إلى النهاية.

3- توزيع الواجبات بين الموظفين ليساعد على تحديد تبعية الخطأ.

4- توزيع الواجبات بين الإدارة والموظفين بحيث يتم فصل الوظائف التالية:

- وظيفة التصريح بالعمليات والموافقة.
- وظيفة الاحتفاظ بعهدة الأصول.
- وظيفة القيد والمحاسبة

5- تنظيم موظفي الأقسام بحيث يكون موظفو كل قسم في غرفة واحدة.

6- إيجاد روتين معين يتضمن خطوات كل عملية بالتفصيل.

7- منح تعليمات بأن يوقع كل موظف على المستندات لما قام به من عمل كإثبات.

8- استخراج المستندات الأصل وعدة نسخ منطبق الأصل وتوزيعها على الأقسام المعينة.

9- محاولة إجراء تنقلات بين الموظفين من حين لآخر.

10- ضرورة قيام كل موظف بإجازته السنوية دفعة واحدة.

(2) إجراءات محاسبية

تتمثل هذه الإجراءات في:

1- إصدار تعليمات بإثبات العمليات بالدفاتر فور حدوثها لتقليل من الغش والاحتيال.

2- إصدار تعليمات بعدم إثبات أي مستند ما لم يكن معتمدا من الموظفين المسؤولين.

3- استعمال الآلات الحسابية لسرعة ودقة المعلومات.

4- استخدام وسائل التوازن الحاسبي الدوري مثل المراجعة وحسابات المراقبة.

5- إجراء مطابقات دورية بين الكشوف الواردة من الخارج وبين الأرصدة والكشوف والسجلات الواردة من الداخل.

6- القيام بجرد مفاجئ دوريا للنقدية والبضاعة ومطابقة ذلك للأرصدة الدفترية.

7- عدم السماح لموظف مراقبة عمله.

(3) إجراءات عامة

1- التأمين على ممتلكات المؤسسة من كل الأخطار.

2- إدخال الإعلام الآلي للمؤسسة لأنه يعمل على:

- تحديد عدد العمليات.
- السرعة في معالجة البيانات.
- تخفيض نسبة الخطأ في المعالجة.
- إمكانية الرجوع أو معالجة المعطيات بسرعة.

وهناك إجراءات أخرى تتمثل في:

3- وضع نظام لمراقبة البريد الوارد والصادر.

4- استخدام وسيلة الرقابة الحدية.

5- استخدام وسائل الرقابة المزدوجة مثل توقيع الشيكات.

العوامل المساعدة على تطور نظام الرقابة الداخلية

تشتمل على ما يلي:

1- الأصناف العديدة للمؤسسات:عرفت المؤسسة أصنافا عدة وتقسيمات سواء من ناحية طبيعة نشاطها(تجارية، فلاحية، صناعية، خدماتية) أو من ناحية طبيعتها القانونية (خاصة، عمومية، شخصية، معنوية) أو من ناحية حجمها (صغيرة، متوسطة، كبيرة) إن هذه الأشكال كانت نتيجة لتنوع النشاطات والقطاعات التي يزداد فيه عمل الهيئة المسيرة لها.

2- تعدد العمليات:المؤسسة تقوم بعدة وظائف من حيث أنها تستثمر، تشتري، تحول، تنتج وتبيع. وداخل كل وظيفة من هذه الوظائف تقوم المؤسسة بعدة عمليات تتفاوت من مؤسسة إلى أخرى. وفي إطار هذه الوظائف يجب على الهيئة المشرفة على كل وظيفة أن تتقيد بما هو موضوع في الخطة الخاصة بها والتي هي مثبتة في الخطة التنظيمية الإجمالية للمؤسسة.

3- توزيع السلطات والمسؤوليات: إن التوزيع الجغرافي للمؤسسات سواء على التراب الوطني أو التوسع الذي تعرفه الشركات المتعددة الجنسيات يدعو إلى ضرورة توزيع السلطات والمسؤوليات على المديريات الفرعية بما يسمح بتنفيذ كل الأعمال واتخاذ القرارات في المكان والوقت المناسبين، على أن تكون هذه المديريات الفرعية أو الوحدات المتواجدة في المناطق الأخرى

مسؤولة أمام المديرية العامة والتي هي بدورها مقيمة من طرف مجلس الإدارة وذلك على أساس ما سطر في الخطة التنظيمية.

4- الحاجة الدائمة للمعلومات:إن الحاجة المستمرة للمعلومات ناتج على الاستعمال لها، كون أن هذه الخبرة قاعدة تبنى عليها قرارات قد تؤثر على وضعية المؤسسة خاصة ما يتعلق منها بنسقها الذي يخص حاجيات المؤسسة التي تريد أن تطمئن على صحة المعلومات المقدمة لها بغية اتخاذ القرارات باستعمال وسائل نظام الرقابة الداخلية التي تتيح معلومات تلقى القبول من طرف مستعمليها.

5- حماية أصول المؤسسة، تعمل المؤسسة على حماية أصولها بشكل فعال من خلال إنشاء حماية مادية ومحاسبية فالأولى تتجلى في المحافظة على الأصول من العوامل الجوية.

والثانية تتجلى في حماية الأصول محاسبيا من خلال تسجيل كل التحركات التي تمس عنصر من عناصر الأصول (الاستثمارات، المخزونات، الحقوق) تسجيلا آنيا يتقيد بالنصوص المحاسبية ويستجيب لشكل نظام الرقابة الداخلية. بحيث يعتبر هذا العنصر من أهم الأهداف التي تسعى المؤسسة إلى تحقيقها من خلال نظام سليم لنظام الرقابة الداخلية بحيث يسمو إلى منع الأخطاء والغش أو تقليل ارتكابها.

إن وجود نظام قوي للرقابة الداخلية يعبر عن الوضعية الحقيقية للمؤسسة من جهة وتمكن المؤسسة من تحقيق أهدافها المرسومة في الخطة العامة لها من جهة أخرى.

الفصل الخامس عشر

تصميم وتكلفة الاستثمار في نظـــام المعلومات المحاسبية

تصميـــم و تكلفة الإستثمـــار في
نظام المعلومات المحاسبي

مناهج تصميم نظام المعلومات المحاسبي

نظراً لأهمية نظام المعلومات المحاسبي ظهرت عدة مناهج تبين كيفية تصميم نظام المعلومات المحاسبي بطريقة تمكن هذا النظام من تحقيق أهداف المؤسسة. ومن هذه المناهج:

(1) منهج الأنظمة في تصميم نظام المعلومات المحاسبي:-

يقصد بمنهج الأنظمة طريقة بمقتضاها يتم تحليل المؤسسة الاقتصادية في مجموعها، داخل محيط بيئتها و دراسة العلاقة بين أجزاءها المتعددة .

و يقتضي استخدام منهج الأنظمة في تصميم نظام المعلومات المحاسبي أن يكون هذا النظام متسقاً مع القرارات التي يتعين اتخاذها و أن يركز على المهام المتضمنة في تنفيذ كل القرارات والتي تتمثل في:

أ. تحديد أهداف المؤسسة و تقييم الخطط الإستراتاجيات المتاحة لتحقيق هذه الأهداف .

ب. اختيار الخطة الإستراتجية الأفضل و تحديد قراراتها .

ج. بناء الهيكل التنظيمي الذي يساعد على تحقيق الخطط و تحديد مسؤوليات الأفراد.

د. تصميم قنوات الاتصال التي تسمح بتدفق المعلومات.

(2) المنهج السلوكي في تصميم نظام المعلومات المحاسبي:

يرى أصحاب هذا المنهج أنه من الضروري عند تصميم نظام المعلومات المحاسبي فهم السلوك الإنساني في المؤسسة، لذا من الضروري فهم المشاكل السلوكية لدى الأفراد، أي يجب أن يراعي مصمم هذا النظام السلوك السائد للأفراد في المؤسسة لكي لا يتعارض هذا النظام معها (السلوكيات)، حتى يستطيع تحقيق أهداف المؤسسة، فمثلاً إذا تعارض نظام المعلومات المحاسبي مع سلوك المدير، فهذا سيؤدي إلى عرقلة سير النظام و بالتالي تنحرف المؤسسة عن أهدافها المسطرة.

و يأخذ على هذا المنهج أنه من الصعب جدا أن تأخذ بعين الاعتبار كل سلوكيات الأفراد في المؤسسة خاصة إذا كانت مؤسسة من الحجم الكبير و فيها مراكز مسؤوليات كثيرة .

المبادئ المعتمدة في تصميم نظام المعلومات المحاسبي

(1) مبدأ تكامل و ترابط عمليات المؤسسة و أقسامها :

عند القيام بتصميم نظام المعلومات المحاسبي يجب على مصمم هذا النظام أن يأخذ بعين الاعتبار الهيكل التنظيمي للمؤسسة بأكمله و عليه أن يتحقق من ترابط و تكامل هذا النظام مع الهيكل التنظيمي بحيث يتحقق له هدف تدفق التقارير و البيانات بين أقسام و إدارات المؤسسة بصورة تضمن لها الوفرة المناسبة من البيانات و المعلومات في الوقت المناسب و بالدقة المطلوبة، و يجب على مصمم هذا النظام أن يصمم نظام يتوافق و الهيكل التنظيمي للمؤسسة، و لا يصمم هذا النظام بشكل منعزل عن الأنظمة الفرعية الأخرى بل يجب أن يتلاءم مع كافة مستويات الإدارة من المدير إلى آخر عامل، و يتوافق مع كل الأنظمة (نظام الإنتاج، التجاري، التسويقي...الخ).

هذا النظام الذي يسمح بتدفق و انسياب البيانات و المعلومات داخل المؤسسة و خارجها لا يتحقق إلا بتحقق التكامل العمودي و الأفقي ضمن نظام المعلومات، كما يجب أن تكون مختلف الأنظمة المبنية جميعها لا تتنافى فيما بينها و تشكل نظام المعلومات الكلي للمؤسسة.

(2) مبدأ كتابة البيانات و تحرير المستندات مرة واحدة :

يعتبر من أهم المبادئ التي يجب أن يلتزم بها مصمم هذا النظام عند إعداد خطوات سير هذا النظام، و ترجع أهمية هذا المبدأ إلى طبيعة تسلسل إجراءات تسجيل العمليات المالية في السجلات المحاسبية:

أ. الدقة في إعداد البيانات المحاسبية: إن كتابة البيانات مرة واحدة يقلص من نسبة حدوث الأخطاء في تسجيل البيانات المحاسبية، فتسجيل البيانات في سجلات متعددة و بطرق متفاوتة من خلال مستند الأصل يقلل من احتمال الخطاء في التسجيل.

ب. السرعة في إعداد البيانات: كتابة البيانات مرة واحدة يؤدي إلى وفرة في الجهد و الوقت في تسجيل البيانات أو العمليات في اليومية و الدفاتر الأخرى في وقت واحد، مما يمكن المؤسسة من السرعة في الحصول على التقارير المالية في أسرع وقت ممكن.

ج. تخفيض تكاليف تشغيل النظام: و ذلك من خلال عدم تكرار كتابة البيانات و العمليات و بالتالي يوفر الجهد و الكتابة و عدد العاملين الذين يعتبرون تكلفة بالنسبة للمؤسسة .

(3) **مبدأ الرقابة :**

عند القيام بإعداد نظام المعلومات المحاسبي يجب أن يكون هذا النظام أداة فعالة في تحقيق الرقابة في المؤسسة و مقياس لمدى نجاعة السياسية الإدارية المتبعة و مدى التزام الأفراد بهذه السياسة، و يجب أن يهدف هذا النظام بالخصوص إلى:

أ. حماية أصول المؤسسة.

ب. دقة البيانات المحاسبية و تكاملها و يسمح بدقة البيانات المسجلة و وضوحها و أن تكون حقيقية وتعكس المركز المالي الحقيقي للمؤسسة.

ج. الاستخدام الاقتصادي للموارد، أي ضرورة مراعاة عند بناء نظام المعلومات المحاسبي أن يكون نظام يحقق معادلة (أقل تكلفة و أكبر عائد ممكن) وفق لإمكانيات المؤسسة.

و لكي يتوافق نظام المعلومات المحاسبي مع مبدأ الرقابة الداخلية يجب أن يتوفر على الوسائل التالية :

أ. ضرورة توفر خطة تنظيمية تحقق الفصل بين الوظائف و المسؤوليات في المؤسسة.

ب. ضرورة تحديد السلطات و المسؤوليات و كيفية إدارتها.

ج. ضرورة توفر قسم يتولى عملية المراجعة .

تكلفة الاستثمار في نظام المعلومات المحاسبي

(1) تصنيف التكاليف وفقاً لعلاقتها بالاقتراح الاستثماري : والتي يمكن تقسيمها إلى ما يلي :

أ. تكاليف رأسمالية: تتمثل خاصة في تكلفة شراء المعدات والبرامج الجديدة، تكلفة تدريب المستخدمين، تكلفة تجهيز الموقع، تكلفة التحويل إلى النظام الجديد .

ب. تكاليف إرادية: وهي التكاليف المتعلقة بتشغيل النظام و المتمثلة في تكلفة صيانة البرامج والمعدات، نفقات تخزين البيانات، تكلفة الاتصال الداخلي، تكلفة المعدات المستأجرة، تكلفة المعدات القابلة للاستهلاك والنفقات الأخرى مثل الورق...الخ.

(2) تصنيف التكاليف على أساس علاقتها بالوظائف الرئيسية :تنحصر أهم وظائف نظام المعلومات المحاسبي في تجميع، تشغيل، تحليل، تخرين و إنتاج المعلومات. و بناءًا على هذه الوظائف يمكن تقسيم تكاليف نظام المعلومات المحاسبي إلى :

أ. تكاليف تجميع البيانات و إدخالها إلى الحاسب:تتمثل في تكاليف البطاقة المثقبة و الأسطوانات و أجور العمال المساهمين في عملية تجميع البيانات.

ب. تكاليف عملية الحاسب: و التي تتمثل في تكاليف المعدات، الحاسب و تكاليف الطاقة المستخدمة، بالإضافة إلى أجور و رواتب العاملين على الحاسب.

ج. تكاليف التحليل و البرمجة: و تتمثل في تكاليف إعداد البرامج و صيانة هذه البرامج.

د. تكاليف إدارية: و تضم مختلف التكاليف المتعلقة بقسم المعلومات المحاسبية.

(3) تصنيف التكاليف على أساس مسلكها: تنقسم مثل هذه التكاليف إلى ما يلي:

أ. تكاليف متغيرة: و تتمثل في التكاليف التي تزداد كلما زادت عملية تشغيل النظام و تنخفض مع انخفاضها و من أمثلتها نجد تكلفة مهام التشغيل...الخ.

ب. تكاليف ثابتة: هي تكاليف غير متغيرة ترتبط بعمليات ثابتة و الممثلة خاصة في عملية إهلاك المعدات و الحاسبات و تكاليف البرامج بالإضافة إلى التكاليف الإدارية .

متطلبات الإستثمار في نظام المعلومات المحاسبي

(1) **الحصول على الأجهزة** :كان التطور في تكنولوجيا المعلومات خلال السنوات الأخيرة ملموسا وذو أثر جوهري على سرعة تقادم الوحدات المركزية لمعالجة البيانات, ويوجد العديد من البدائل المتاحة للحصول على أجهزة جديدة, فبجانب شراء الأجهزة بإمكان المؤسسة تأجيرها على فترات قصيرة أو طويلة الأجل مع حق شرائها بعد انتهاء عقد الاستئجار, و يصعب قرار الاختيار بين هذه البدائل كلما تعددت الاعتبارات الاقتصادية وخاصة الآثار الضريبية المترتبة على القرار.

و تكون الحاجة للحصول على الأجهزة و البرامج الإضافية واضحة لأسباب اقتصادية واقعية في بعض الأحيان, أما في البعض الآخر فقد يسود هذا الموقف الغموض حول ما إذا كان من الضروري الحصول على أجهزة إضافية, أو يمكن تحقيق نفس الغاية من خلال تحسين أو تطوير الاستخدامات الحالية للأجهزة القائمة.

(2) **الحصول على البرامج** :غالبا ما يكون لوجود برامج التطبيقات الجيدة تأثيراً جوهرياً في الاختيار ما بين أنواع أجهزة الكمبيوتر المختلفة, فقد تفضل المؤسسة الحصول على أجهزة كمبيوتر أقل كفاءة مقابل توافر برامج التطبيقات التي تلاءم متطلبات نظام المعلومات المحاسبي, وتقوم المؤسسة

بالمفاضلة بين برامج التطبيقات المتاحة سواءً كانت بصدد استخدام نظم المعلومات الإلكترونية لأول مرة, أو تطوير البرامج الحالية للمؤسسة.

وتعد قرارات الحصول على البرامج وتطويرها من القرارات الهامة, نظراً لأنه في الأغلب تفوق استثمارات أي مؤسسة في البرامج تكلفة الاستثمار في الأجهزة و المعدات، و يتمثل القرار الهام الذي يشغل بال الإدارة في المؤسسات المختلفة في المفاضلة بين شراء و استئجار برامج الكمبيوتر الجاهزة, وتعتبر تلك القرارات من أنواع القرارات التقليدية التي تنطوي على المفاضلة بين الشراء والاستئجار.

و إذا تماثلت الظروف يكون الاختيار بين البديلين بسيطا للحصول على البرامج الأكثر فاعلية (من حيث المنفعة والتكلفة) سواءً بإعدادها وتطويرها داخليا بواسطة المستخدم نفسه, أو من المصادر الخارجية (سواءً شرائها أو استئجارها), ونظرا لأنه من النادر أن تتماثل الظروف, فيجب فحص العوامل ذات الأثر الهام على قرار الحصول على البرامج بعناية.

(3) **الحصول على الموارد البشرية** :يتبلور الأمر أولاً و أخيراً، في المورد البشرية ,فهو الذين تعتمد عليهم كفاءة و فعالية تشغيل النظام، و هو الذي يستخدم مخرجاته في إدارة شؤون المؤسسة، لذلك يمثل العنصر البشري لنظام المعلومات المحور الرئيسي الذي عليه يعتمد نجاح أو فشل النظام، و بالتالي النشاط الاقتصادي للمؤسسة، فالحاجة للموارد البشرية شيء لازم لشغل الوظائف المتعددة في كل من إدارات المحاسبة و مراكز أنظمة المعلومات, و التي تتراوح فيما بين المختصين في إدخال البيانات و معدّي البرامج محللي الموازنات, و المراقبين الماليين و محاسبي التكاليف, ومحللي النظم , ومديري مراكز أنظمة المعلومات.

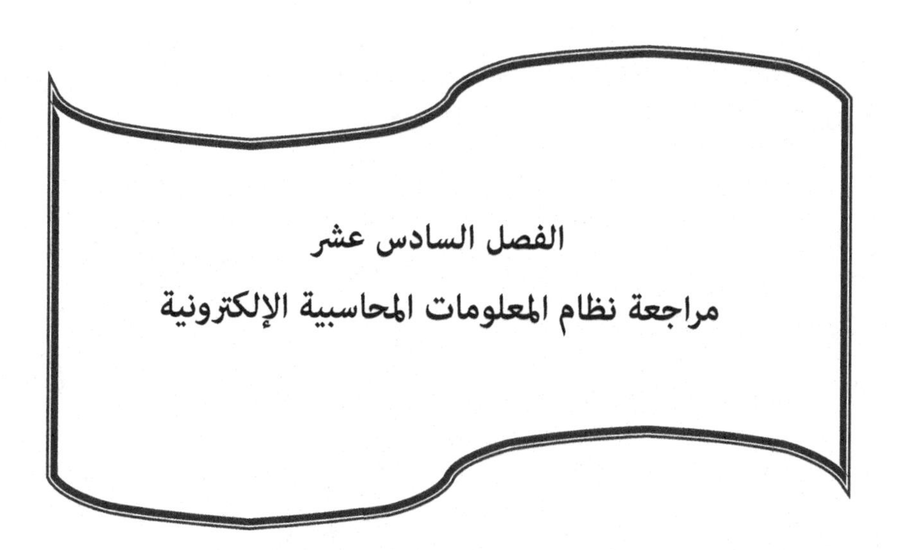

الفصل السادس عشر

مراجعة نظام المعلومات المحاسبية الإلكترونية

مراجعة نظام المعلومات

المحاسبية الإلكترونية

مفهوم وماهية مراجعة نظم المعلومات المحاسبية الإلكترونية:

لم يتغير مفهوم المراجعة نتيجة ظهور الأنظمة الإلكترونية، واستخدامها في المجال المحاسبي، كما أنه لا يوجد فرق بين مفهوم مراجعة نظم المعلومات المحاسبية الإلكترونية المعقدة وتلك النظم غير المعقدة، إلاّ أن الاختلاف بين بيئة نظم المعلومات المحاسبية اليدوية، والبيئة الإلكترونية، كان له تأثير على تنفيذ مهام عملية المراجعة من عدة نواحي، منها التأثير على الأساليب والمداخل المستخدمة في عملية المراجعة، ويمكن توضيح الفرق بين البيئتين كما يلي:

(أ) مفهوم بيئة نظم المعلومات المحاسبية اليدوية: هي البيئة التقليدية التي يتم فيها استخدام الأسلوب اليدوي لمعالجة البيانات، في جميع أو معظم العمليات الخاصة بالنظام.

(ب) مفهوم بيئة نظم المعلومات المحاسبية الإلكترونية: هي البيئة التي يتم فيها استخدام الحاسب الإلكتروني لمعالجة البيانات، سواء في مرحلة الإدخال، أو مرحلة التشغيل، أو مرحلة المخرجات.

وعليه فإن استخدام جهاز أو أكثر من أجهزة الحاسب الإلكتروني لأي نوع أو حجم في معالجة البيانات المالية، وسواء كانت هذه الأجهزة ملك للشركة أو ملك لأطراف خارجية، تجعل نظام المعلومات المحاسبي للشركة نظام معلومات محاسبي إلكتروني.

وسيتم تناول مفهوم وماهية مراجعة نظم المعلومات المحاسبية الإلكترونية، وذلك من خلال التسلسل التالي:

مفهوم المراجعة الخارجية وماهية أهداف مراجعة نظم المعلومات المحاسبية الإلكترونية:

(1) مفهوم المراجعة الخارجية:

تعرف المراجعة الخارجية بأنها "عملية منظمة وموضوعية للحصول على أدلة إثبات وتقييمها فيما يتعلق بحقائق حول تصرفات وأحداث اقتصادية للتحقق من درجة تطابق هذه الحقائق مع المعايير المحددة وتوصيل النتائج إلى المستخدمين الذين يهمهم الأمر".

ووفقاً لهذا المفهوم فإن المراجعة تتكون من مجموعة من الأنشطة المخططة والمحددة الأهداف، لجمع أكبر قدر من أدلة الإثبات والقرائن، للتحقق من مدى صدق وسلامة البيانات المحاسبية المقيدة في الدفاتر والسجلات والقوائم المالية، ثم تقييمها تقييماً موضوعياً، بما يمكن المراجع من إبداء رأي فني محايد عن مدى صحة ودقة هذه البيانات، وتطابقها مع المعايير المتعارف عليها والقواعد المحاسبية التي تحتويها القوانين واللوائح السارية في الشركة محل المراجعة، وعن مدى تعبير الحسابات الختامية عن نتيجة النشاط من ربح أو خسارة، وتعبير القوائم المالية عن المركز المالي للشركة، وكذلك التأكد من توصيل نتائج عملية المراجعة إلى جميع المستفيدين منها.

(2) مفهوم وماهية مراجعة نظم المعلومات المحاسبية الإلكترونية:

تعرف مراجعة نظم المعلومات المحاسبية الإلكترونية " بمراجعة الـ IS و IT أو ICT ، وتمثل هذه المراجعة تحدياً، لذلك يقوم مراجعي هذه النظم بدراسة نظم الحاسب الإلكتروني والشبكات، حتى يتمكنوا من تنفيذ جميع مراحل عملية المراجعة."

ويستخدم هذا النوع من المراجعة، لتقييم كل من الرقابة الداخلية - بيئة الرقابة وإجراءات الرقابة داخل نظم المعلومات المحاسبية الإلكترونية - والبيانات وأمن المعلومات، في جميع مراحل النظام المحاسبي من مدخلات وتشغيل ومخرجات.

وتعرف أيضاً بأنها " عملية منظمة لجمع وتقييم موضوعي للأدلة الخاصة بمزاعم الإدارة بشأن نتائج الأحداث والتصرفات الاقتصادية للمشروع لتحديد مدى تمشي هذه النتائج مع المعايير القائمة وتوصيل النتائج إلى مستخدميها المعنيين بها. "

عناصر المراجعـــــة

ووفقاً للمفهوم الأخير فإن المراجعة تحتوي على عدة عناصر أهمها ما يلي :

أ- المراجعة عملية منظمة :

يتم تنفيذ عملية المراجعة من خلال مجموعة من الخطوات المنطقية المتتابعة، تبدأ بقبول التكليف واستكشاف بيئة المراجعة، وتنتهي بتقييم النتائج وإعداد تقرير المراجع، إلاّ أنه يوجد اختلاف بين الخطوات المنطقية المتتابعة لمراجعة نظم المعلومات المحاسبية الإلكترونية عنه في مراجعة نظم المعلومات المحاسبية اليدوية، وذلك لأن المراجع في الحالة الأولى لا يستطيع من ملاحظة عمليات التشغيل داخل نظام المعلومات المحاسبي الإلكترونية.

ب- جمع وتقييم الأدلة :

تعد عملية جمع وتقييم أدلة الإثبات جوهر عملية المراجعة، ويستطيع المراجع جمع هذه الأدلة من خلال اختبارات مدى الإلتزام والاختبارات الجوهرية للتفاصيل، حيث تمكن الأولى من توفير تأكيد بأن هيكل الرقابة الداخلية يعمل كما هو مصمم له، أما الاختبارات الجوهرية للتفاصيل تمكن من توفير تأكيد بأن محتويات ملفات النظام الإلكتروني توضح مبادلات وعمليات الشركة محل المراجعة بشكل صحيح.

ج- تحديد مدى تمشى مزاعم الإدارة مع المعايير القائمة:

تمكن عملية المراجعة من توفير تأكيد حول مدى تمشى- مزاعم الإدارة بالشركة محل المراجعة مع معايير المحاسبة المعروفة، والمبادئ المحاسبية المتعارف عليها، والقواعد المحاسبية التي تحتويها القوانين واللوائح السارية في الشركة محل المراجعة إن وجدت، ويلاحظ وجود أوجه تشابه واختلاف في تنفيذ هذه العملية في حالة مراجعة نظم المعلومات المحاسبية الإلكترونية ومراجعة نظم المعلومات المحاسبية اليدوية، أما عن التشابه فيرجع إلى أن عملية تحديد مدى تمشى مزاعم الإدارة مع المعايير والمبادئ والقواعد المحاسبية تعتمد على الحكم الشخصي للمراجع في تحديد أسباب عدم الإلتزام الجوهري في هيكل الرقابة الداخلية أو الأخطاء الجوهرية في أرصدة الحسابات، أما عن سبب الاختلاف في تنفيذ عملية المراجعة فيرجع إلى تعقد إجراءاتها في حالة مراجعة نظم المعلومات المحاسبية الإلكترونية، وذلك نتيجة كثرة التعقيد في هيكل الرقابة الداخلية، مع صعوبة التحقق من أن الملفات والبرامج المقدمة للمراجع هي نفسها المستخدمة فعلاً وليست نسخ احتيالية .

د- توصيل النتائج لمستخدميها :

يقوم مراجع الحسابات بتوصيل نتائج عملية المراجعة إلى مستخدمي القوائم المالية، سواء في حالة مراجعة نظم معلومات محاسبية إلكترونية، أو مراجعة نظم معلومات محاسبية يدوية، إلاّ أنه في الحالة الأولى يعد فريق المراجعة من ضمن مستخدمي نتائج المراجعة.

ومن خلال استعراض المفاهيم السابقة يمكن التوصل لمفهوم مراجعة نظم المعلومات المحاسبية الإلكترونية كما يلي:

"هي عملية منظمة وموضوعية للحصول على أدلة الإثبات - الورقية والإلكترونية - الخاصة بمزاعم الإدارة، وتقييمها تقييماً موضوعياً، كما في تقييم كل من الرقابة الداخلية والبيانات وأمن المعلومات في جميع مراحل نظام المعلومات المحاسبي الإلكتروني - سواء IS و ITأو - ICT من مدخلات وتشغيل ومخرجات، ثم تحديد مدى تمشي- هذه المزاعم مع المعايير المحددة، وتوصيل النتائج إلى المستخدمين الذين يهمهم الأمر."

وفقاً لهذا المفهوم فإن مراجعة نظم المعلومات المحاسبية - سواء IS و IT أو - ICT هي عملية منظمة وموضوعية الهدف، منها هو الحصول على أدلة الإثبات سواء الأدلة الورقية أو الإلكترونية - تحتوى نظم المعلومات المحاسبية الإلكترونية على نوعين من الأدلة - في ضوء مزاعم الإدارة، كما أن المراجعة تعطي تأكيداً مناسباً بأن القوائم المالية خالية من التحريفات وفقاً للأهمية النسبية، وتنحصر- مسؤولية المراجع في البحث عن التحريفات التي تتسم بالأهمية النسبية وليس التحريفات البسيطة التي لا تؤثر على قرارات المستخدمين، ومن الإجراءات التي تستخدم في جمع الأدلة تقييم الرقابة الداخلية والبيانات وأمن المعلومات في جميع مراحل نظام المعلومات المحاسبي الإلكتروني، وبعد جمع هذه الأدلة يتم تحديد مدى تمشي مزاعم الإدارة مع المعايير والمبادئ والقواعد المحاسبية، وفي نهاية عملية المراجعة يتم إعداد التقرير لتوصيل نتائج عملية المراجعة إلى المستخدمين الذين يهمهم الأمر.

(3) أهداف وأهمية مراجعة نظم المعلومات المحاسبية الإلكترونية:

لم تتغير أهداف مراجعة نظم المعلومات المحاسبية الإلكترونية عنها في مراجعة نظم المعلومات المحاسبية اليدوية، إلاّ أن أهمية مراجعة النظم الإلكترونية زادت نتيجة للعديد من للمتغيرات العالمية المحيطة بالمهنة، ومن هنا يمكن تناول أهداف وأهمية مراجعة نظم المعلومات المحاسبية الإلكترونية في النقاط التالية:

(1) أهداف مراجعة نظم المعلومات المحاسبية الإلكترونية:

إن تحديد أهداف المراجعة التي يجب على المراجع تحقيقها يعد جزء من تنفيذ مهام عملية المراجعة، وهدف المراجعة " هو هدف المراجع في الحصول على أدلة مراجعة عن مجموعة تأكيدات متعلقة بالقوائم المالية."

وبعبارة أخرى، تتطابق أهداف المراجعة عموماً مع مزاعم الإدارة، كما في تأكيد الإدارة أن المخزون موجود، وهنا يعتبر أحد أهداف المراجعة هو الحصول على دليل مراجعة يثبت أن المخزون موجود فعلاً.

وتنص الفقرة رقم (12) من المعيار الدولي رقم(401)(ISANo.401) الصادر عن الإتحاد الدولي للمحاسبين IFAC على أنه "لا تتغير أهداف المراجعة المحددة للمراجع سواء تم تشغيل ومعالجة البيانات المحاسبية يدوياً أو عن طريق استخدام الحاسب الإلكتروني ".

وعليه فإن الهدف العام للمراجعة لم يتغير في ظل بيئة نظم المعلومات المحاسبية الإلكترونية، إلاّ أن استخدام الحاسب الإلكتروني يغير من طريقة معالجة وتخزين واسترجاع واتصال المعلومات المالية، وقد يؤثر على المحاسبة وعلى نظم الرقابة الداخلية المستخدمة في الشركة، ووفقاً لذلك فإن بيئة نظم المعلومات المحاسبية الإلكترونية قد تؤثر في الآتي:

(1) إجراءات المراجع للحصول على فهم كافي عن النظام المحاسبي ونظام الرقابة الداخلية المرتبط به.

(2) تقييم المراجع للخطر الحتمي وخطر الرقابة عندما يقوم المراجع بتقييم خطر المراجعة.

وتتأسس الأهداف العامة للمراجعة على :

(1) الثقة: أي أن الرقابة الداخلية للنظام تعطي الثقة المستمرة عن طبيعة معالجة العمليات المالية، وبالتالي تكون البيانات والمعلومات صحيحة ودقيقة وكاملة وآمنة.

(2) الإجراءات : أي أن إجراءات المعالجة صحيحة وفعالة أثناء تشغيل النظام.

(3) الدقة : أي أن النظام ينتج معلومات مالية أو أي معلومات أخرى تتميز بالدقة.

(4) الكفاءة والفعالية: سوف يتم تقييم تكلفة الكفاءة والفعالية للنظام، وإن كانت أجهزة النظام أو البرامج تقدمان خدمة مرضية وتلبي حاجات المستفيد.

وفي ضوء ما تقدم يمكن تناول أهداف مراجعة نظم المعلومات المحاسبية الإلكترونية في النقاط التالية:

(1) التأكد من فعالية الرقابة الداخلية للبيانات وأجهزة الحاسب الإلكتروني وشبكات توصيل الأجهزة من وصول الغير المصرح لهم، بهدف النسخ أو التعديل أو التدمير.

(2) التأكد من أن إمتلاك البرامج وتطويرها يتم بموجب تفويض الإدارة.

(3) التأكد من أن أي تعديل للبرنامج يتم بموجب تفويض وموافقة الإدارة.

(4) التأكد من أن معالجـة العمليـات الماليـة والملفـات والتقـارير وأي سـجلات إلكترونيـة أخرى تتم بدقة وبشكل كامل.

(5) التأكد من أن البيانات المصـدرية التـي بهـا أخطـاء يـتم تمييزهـا ثـم معالجتهـا طبقـاً لسياسات الإدارة.

(6) التأكد من أن ملفات نظام المعلومات المحاسـبي الإلكـتروني تتميـز بالدقـة والإكـتمال والسرية.

(2) أهمية مراجعة نظم المعلومات المحاسبية الإلكترونية:

ظهرت أهمية مراجعة نظـم المعلومـات المحاسـبية الإلكترونيـة، كنتيجـة طبيعيـة لعـالم تسوده التكتلات الاقتصادية، وتعاظم حجم التجارة العالمية، وضـخامة الإسـتثمارات، والتقـدم المذهل في تكنولوجيا المعلومات المبنية على استخدام الحاسبات الإلكترونية ونظـم الاتصـالات، وعليه يمكن تناول أهمية مراجعة نظم المعلومات المحاسبية الإلكترونية من خـلال شرح الآثـار السلبية التـي خلفتهـا المتغـيرات العالميـة عـلى مهنـة المراجعـة، حيـث تظهـر الحاجـة الملحـة لخدمات مراجعة نظم المعلومات المحاسبية الإلكترونية .

وفيما يلي هذه السلبيات :

(أ) ضعف الموقف التنافسي بمكاتب المحاسبة والمراجعة المحلية أمام مكاتب المحاسبة والمراجعة الأجنبية :يعد ضعف الموقف التنافسي لمكاتب المحاسبة والمراجعة المحلية أمام المكاتب الأجنبية، والخوف من سيطرة هذه المكاتب وهيمنتها على سوق المهنة في الدول النامية – ومن دول مصر والأردن وسوريا ولبنان وفلسطين- نتيجة للتفوق النسبي الذي تتمتع به المكاتب الأجنبية في مجال استخدام الأساليب التكنولوجية المتطورة، كما في الأجيال الحديثة من

الحاسبات الإلكترونية، وبرامج المراجعة الإلكترونية الجاهزة، وتقدم وسائل جمع المعلومات وسهولة الاتصال بها، والتفوق في مجال التدريب وتنمية المهارات، واعتماد هذه المكاتب على معايير المحاسبة والمراجعة الدولية المتعارف عليها من قبل المنظمات العالمية مثل هيئة الأمم المتحدة، ومنظمة التعاون والتنمية الاقتصادية والمجموعة الاقتصادية لأوروبية.

(ب) فقدان كثير من عملاء المكاتب المهنية الصغيرة والمتوسطة الحجم :

إن المكاتب المهنية الصغيرة والمتوسطة تحتاج لتحسين نفسها وهذا قد يكلفها الكثير من الإستثمارات والأموال الضخمة التي لا تقدر عليها، مما أدى إلى اتجاه العملاء للمكاتب الكبيرة لما تقدمه من خدمات بتكلفة أقل وجودة أعلى.

(ج) إستقطاب المكاتب الأجنبية للمحاسبة والمراجعة ذوي الخبرة والمتميزين بالكفاءة والفعالية من المكاتب المحلية : ويتم ذلك من خلال الإغراءات والمزايا والمرتبات الكبيرة التي لا تستطيع المكاتب المحلية توفيرها، مما يزيد من التهديد بفقدان المزايا النسبية التي تتمتع بها هذه المكاتب في ظل الإلتزام بتحرير أسواق العمالة من القيود والحواجز في إطار اتفاقية الخدمات.

(د) إمكانية تسرب بعض المعلومات لجهات خارجية :إن دخول المكاتب المهنية المحاسبية ومكاتب الخدمات الإستشارية الأجنبية يؤدي إلى الإضرار بالاقتصاد القومي مع الإضّعاف من الموقف التنافسي للشركات المحلية، وذلك نتيجة إمكانية تسرب معلومات لجهات خارجية.

معايير مراجعة نظم المعلومات المحاسبية الإلكترونية

تعد المعايير بمثابة النموذج الذي يجب أن يتبعه المراجع في إتمام عملية المراجعة، وتقوم الهيئات العلمية والمهنية بوضع هذه المعايير، ويمكن تجميع معايير المراجعة المتعارف عليها والصادرة عن الهيئات العلمية والمهنية في معظم دول العالم تحت ثلاثة مجموعات أساسية:

(1) معايير عامة.

(2) التقرير.

(3) العمل الميداني.

1) معايير عامة

(1) التأهيل الكافي لمراجع الحسابات:

(أ) التأهيل العلمي والعملي للمراجع.

(ب) التأهيل السلوكي للمراجع.

(2) استقلال مراجع الحسابات.

(3) بذل العناية المهنية اللازمة .

2) التقرير

(1) مدى إتفاق القوائم المالية مع مبادئ المحاسبة المتعارف عليها.

(2) مدى ثبات التطبيق للمبادئ المحاسبية المتعارف عليها.

(3) مدى كفاية الإفصاح الإعلامي.

(4) إبداء الرأي الإجمالي في القوائم المالية .

3) العمل الميداني

(1) التخطيط السليم لعملية المراجعة والإشراف الدقيق على المساعدين.

(2) دراسة وتقييم الرقابة الداخلية.

(3) جمع أدلة الإثبات .

وفيما يلي تناول معايير المراجعة المتعارف عليها في ضوء مراجعة نظم المعلومات المحاسبية الإلكترونية:

المعايير العامـــة:

"تتعلق هذه المعايير بالتكوين الشخصي للقائم بعملية المراجعة، والمقصود بهذه المعايير أن الخدمات يجب أن تقدم على درجة من الكفاءة المهنية بواسطة أشخاص مدربين، وتوصف بأنها عامة لأنها تمثل مطالب أساسية نحتاج إليها لمقابلة معايير العمل الميداني وإعداد التقرير بصورة ملائمة "، وتتكون هذه المعايير من التأهيل الكافي لمراجع الحسابات واستقلال المراجع وبذل العناية المهنية اللازمة، وفيما يلي شرح للمعايير العامة:

(1) التأهيل الكافي لمراجع الحسابات :

يتم تنفيذ مهام عملية المراجعة بواسطة أشخاص تم تأهيلهم تأهيلاً كافياً من الناحية العلمية والعملية، فضلاً عن ضرورة توافر مجموعة من الصفات السلوكية الهامة مثل النزاهة والإخلاص والمحافظة على سرية المعلومات وغيرها من الصفات، ويمكن تناول هذه المعايير في النقاط التالية:

(أ) التأهيل العلمي والعملي للمراجع.

(ب) التأهيل السلوكي للمراجع.

(أ) **التأهيل العلمي والعملي للمراجع** : يجب أن يؤهل المراجع تأهيلاً علمياً وعملياً حتى يتمتع بمهارات متخصصة تمكنه من تنفيذ عملية المراجعة في بيئة نظم المعلومات المحاسبية الإلكترونية، ويستطيع المراجع الاستعانة بذوي الخبرة والمهارات من العاملين معه أو من غيرهم، وتكون المسؤولية الواقعة عليه متساوية في الحالتين.

وقد قام الإتحاد الدولي للمحاسبين IFAC بإصدار المعيار رقم (401) ISA (No.401تحت عنوان " المراجعة في بيئة نظم المعلومات المحاسبية الإلكترونية"، سنة 2004، وجاء في الفقرة رقم (4)، أنه على المراجع أن يمتلك المعرفة الكافية بنظم المعلومات المحاسبية الإلكترونية حتى يتمكن من التخطيط والإشراف والتوجيه والرقابة وفحص العمل المؤدى، وتعتمد المعرفة الكافية على طبيعة ومدى بيئة نظم المعلومات المحاسبية الإلكترونية، فيجب عليه أن يأخذ في الاعتبار المهارات المتخصصة المطلوبة لتنفيذ عملية المراجعة.

ويجب أن يتوافر في المراجع وفريق المراجعة مؤهلات تمكنهم من تنفيذ عملية المراجعة، وتتمثل هذه المؤهلات في الآتي:

(1) فهم مكونات نظم المعلومات المحاسبية الإلكترونية والبرامج المستخدمة فيها، حتى يتمكن من:

1. تخطيط عملية المراجعة، والإشراف على فريق المراجعة.
2. فهم تأثير هذه البيئة على إجراءات الرقابة الداخلية.
3. تنفيذ إجراءات المراجعة، واستخدام أساليب مراجعة نظم المعلومات المحاسبية الإلكترونية.

(2) القدرة على التحقق من مدى فعالية نظم الخبرة ونظم دعم وإتخاذ القرار التي يستخدمها عملاء المراجعة في تحقيق الأهداف المرجوة منها، ويمكن للمراجع التحقق من مدى فعالية نظم الخبرة وذلك بمقارنة الحكم الذي يصل إليه من خلال نظم الخبرة مع الحكم الذي يصل إليه أحد الخبراء في هذا المجال في مسألة معينة، أو أنه يقوم بإختبار القواعد الموجود بنظام الخبرة، فإذا تأكد أنها تطابق حكمه فهذا يعنى أن نظام الخبرة على درجة عالية من الفعالية.

ويعد تدريب المراجع من الأمور الهامة لتنفيذ مهام مراجعة نظم المعلومات المحاسبية الإلكتروني بكفاءة وفعالية، ويتضمن التدريب المهني في الدول المتقدمة ما يلي:

1. الدراسات النظرية في مجال تصميم النظم ومراجعة نظم المعلومات الإلكترونية.
2. التدريب في ميدان العمل.
3. التدريب على استخدام المراجعة الإلكترونية.
4. التعليم المهني المستمر.

ويستطيع المراجع الاستعانة بخبير يمتلك مهارات متخصصة، على أن يكون هذا الخبير من موظفي المراجع أو من الخارج، وفي الحالة الثانية يجب على المراجع الحصول على أدلة كافية، بأن العمل المؤدى بواسطة الخبير ملائم لأهداف المراجعة، وجاء في المعيار رقم (620) (ISA No. 620)لسنة 2004، والصادر عن الإتحاد الدولي للمحاسبينIFAC ، معنى كلمة الخبير على أنه " شخص أو شركة تمتلك مهارة خاصة ومعرفة وخبرة في حقل معين ما عدا المحاسبة والمراجعة"، ويجب على المراجع أن يحصل على دليل كافي وملائم بأن العمل الذي قام به الخبير يعد ملائم لأغراض

المراجعة، كما ورد في المعيار رقم (73 (SAS No.73) لسنة 1998، والصادر عن المجمع الأمريكي للمحاسبين القانونيين AICPA بأنه على المراجع أن يتأكد من توافر عدة أمور هامة في الخبير، وهي كما يلي:

1. الشهادة المهنية أو غيرها من المؤهلات التي تبين قدرته في هذا المجال.
2. سمعة الأخصائي ومكانته بين نظائره - قرنائه - وغيرهم من الملمين بقدراته أو أدائه.
3. الخبرة بنوعية العمل المطلوبه منه.

وفي ضوء ما تقدم يستنتج الباحث أن معيار التأهيل العلمي والعملي لمراجع نظم المعلومات المحاسبية الإلكترونية اتسع ليشمل مؤهلات وقدرات خاصة لم تكن مطلوبة في مراجع نظم المعلومات المحاسبية اليدوية.

ب- **التأهيل السلوكي للمراجع:** يُمكن التأهيل السلوكي والأخلاقي المراجع من الإرتقاء بالمهنة والمحافظة على كرامتها وتقاليدها وآدابها، فمراجع الحسابات يجب أن تتوافر فيه صفات شخصية وأخلاقية تؤهله لأداء واجبه المهني، وأهم هذه الصفات الأمانة والنزاهة، والمحافظة على أسرار العملاء، والصدق والصبر والدقة في العمل، والحذر في التصرفات، والمقدرة على التركيز وتقدير المسؤولية، ولقد تضمن دستور مهنة المحاسبة والمراجعة الصادر عن نقابة المحاسبين والمراجعين وكذلك التشريعات المختلفة مجموعة من القواعد التي تحدد واجبات المراجع تجاه العمل الذي يقوم به، وتنظيم العلاقة بينه وبين زملائه في المهنة، من خلال تناولهم للأمانة المهنية، وآداب وسلوك المهنة.

وفي ضوء ما تقدم يستنتج الباحث أن معيار التأهيل السلوكي لمراجع نظم المعلومات المحاسبية الإلكترونية لم يتغير عنه في مراجع نظم المعلومات المحاسبية اليدوية.

(2) استقلال مراجع الحسابات:

يتمثل استقلال المراجع في ممارسته لعمله بحرية تامة بعيداً عن أي مؤثرات وضغوط، مثال ذلك وجود مصالح مادية بشكل مباشر أو غير مباشر داخل الشركة محل المراجعة، أو يكون له استثمارات في أسهمها، أو أن يكون بينه وبينها علاقة تعاقدية بأي شكل كأن يكون أحد العاملين أو المديرين بها، وغيرها من أشكال التعاقد، مما يؤثر على أدائه لواجباته كاملة ومن ثَم التأثير على إبدائه رأي فني محايد في تقريره.

ويرى البعض أن اعتماد المراجع على نظام المعلومات المحاسبي الإلكتروني الخاص بالشركة في الحصول على أدلة الإثبات، يؤدي إلى إثارة الشك حول مدى توفر الاستقلال الكافي للمراجع، نتيجة احتمال حدوث تعديلات في النظام بحيث لا يمكن أن يعتمد المراجع على كمال وسلامة البيانات، وبالتالي على المعلومات التي حصل عليها باستخدام أساليب المراجعة الإلكترونية الخاصة به، إلاّ أن هذا الشك ليس في محله لسببين هما:

الأول: يعد استقلال المراجع حالة عقلية داخلية، أي أنه استقلال في موقفه تجاه العنصر محل المراجعة.

الثاني: تفرض عملية المراجعة اعتماد المراجع على نظام المعلومات المحاسبي الإلكتروني سواء قام المراجع باستخدام برامج مراجعة عامة جاهزة أو غيرها من البرامج، مما يستوجب على المراجع ضرورة التِأكد من سلامة مدخلات ومخرجات هذا النظام.

وفي ضوء ما تقدم يستنتج الباحث أن معيار استقلال مراجع نظم المعلومات المحاسبية الإلكترونية لم يتغير عنه في مراجع نظم المعلومات المحاسبية اليدوية.

(3) بذل العناية المهنية اللازمة:

يجب على المراجع أن يبذل في تنفيذ جميع مراحل المراجعة وفي اعداد التقرير العناية المهنية اللازمة وإلاّ فإن سلوكه في هذه الحالة لا يتفق مع آداب المهنة ويخل بواجباته القانونية، والعناية المهنية اللازمة توجب على المراجع أن يجتهد في عمله وأن يستخدم خبرته العلمية والعملية وأن يتمتع بالاستقلال ويكون مدركاً لحقوقه وواجباته المهنية وذلك عند تنفيذ عملية المراجعة".

وفي مجال تحديد مفهوم العناية المهنية اللازمة، قامت بعض الدراسات الحديثة بالتركيز على جانبين، الأول يتمثل في ضرورة إلتزام المراجع بقواعد وآداب وسلوك المهنة، والثاني يتمثل في مسؤوليته القانونية والتي تعد الحد الأدنى للعناية المهنية التي ينبغي توافرها في أعمال المراجعة في ظل البيئة الحديثة لمهنة المراجعة، وذلك بهدف رفع مستوى العناية المهنية للمراجع، ومن ثَم فمن الضروري وجود لجنة أخلاق وآداب المهنة بكل مكتب من مكاتب المراجعة، على أن تقوم هذه اللجنة بعدة وظائف، أهمها ما يلي:

1. متابعة مدى إلتزام المراجعين داخل المكتب بقواعد وآداب المهنة.
2. الإشراف على برامج التعليم المستمر للمراجعين.
3. اقتراح سياسات تحفيز العاملين للإلتزام المستمر بأخلاق المهنة.
4. اقتراح طرق للحفاظ وكسب ثقة الطرف الثالث في المراجع.

ولقد قام كلٌ من المجمع الأمريكي للمحاسبين القانونيينAICPA ، والإتحاد الدولي للمحاسبين IFAC بإصدار مجموعة من المعايير، والتي كان لها أثر كبير على

رفع كفاءة وفعالية عملية المراجعة وتضييق فجوة التوقعات بين المراجع ومستخدمي التقارير المالية فيما يتعلق بالمسؤولية القانونية للمراجع، حيث أدت بعض هذه المعايير إلى:

1. تحديد متطلبات ومسؤوليات المراجع عن اكتشاف الغش، كما جاء في المعيار رقم (99(SAS No.99) ، والغش والخطأ، كما جاء في المعيار رقم (240 (ISA No. 240).(2)

2. تحسين فعالية المراجعة من خلال اكتشاف الأعمال غير القانونية من جانب العملاء، كما جاء في المعيار رقم (54(SAS No.54) ، ومراعاة القوانين واللوائح عند مراجعة القوائم المالية، كما جاء في المعيار رقم (250(3).(ISA No.250)).

3. قدرة المراجع على الإنذار المبكر بإحتمال الفشل في الإستمرار، كما في المعيار رقم (59 (SAS No.59)، وتوصيل أمور المراجعة ذات الصلة بالإدارة، كما جاء في المعيار رقم (260) (ISA No. 260). (4)

أما في مجال مراجعة نظم المعلومات المحاسبية الإلكترونية فإنه يمكن القول بأن المراجع قد بذل العناية المهنية اللازمة عند قيامه بالآتي:

1. كفاءة وفعالية تخطيط وتنفيذ عملية المراجعة بما يمكن من تقديم تأكيد معقول عن اكتشاف الأخطاء والمخالفات الجوهرية، وهذا يحتاج من المراجع:

أ. فريق مراجعة يوجد فيه من لديه خبرة عالية في مجال نظم المعلومات المحاسبية الإلكترونية.

ب. الإستعانة بخبير مع قدرة المراجع على التعامل معه.

2. تقييم إجراءات الرقابة الداخلية في نظم المعلومات المحاسبية الإلكترونية، للحصول على مؤشرات تدل على نقص الرقابة داخل نظم المعلومات المحاسبية الإلكترونية، مثال على ذلك نقص الرقابة الخاصة بالوصول إلى التطبيقات، ونقص إجراءات الرقابة على أمن البرامج وملفات البيانات، وكذلك ارتفاع مستوى أخطاء التشغيل.
3. القدرة على استخدام أساليب مراجعة نظم المعلومات المحاسبية الإلكترونية، بما يمكن من زيادة كفاءة وفعالية عملية المراجعة.

وفي ضوء ما تقدم يستنتج الباحث أن معيار بذل العناية المهنية اللازمة، الواجب الإسترشاد به في المراجعة تأثر سلباً، نتيجة تعقد بيئة نظم المعلومات المحاسبية الإلكترونية، مما يزيد الجهد المبذول لتنفيذ عملية المراجعة، إلاّ أن التأهيل العلمي والعملي في ظل هذه البيئة و استخدام المراجعة لأساليب مراجعة نظم المعلومات المحاسبية الإلكترونية كان له تأثيراً إيجابياً في رفع كفاءة وفعالية تطبيق هذا المعيار.

(1) معايير العمل الميداني :

ترتبط هذه المعايير بتنفيذ عملية المراجعة، وتمثل مبادئ المراجعة التي تحكم طبيعة ومدى القرائن أدلة الإثبات الواجب الحصول عليها بواسطة إجراءات المراجعة والمرتبطة بالأهداف العريضة الواجب تحقيقها من استخدام هذه الإجراءات، وتشتمل هذه المعايير على ثلاثة معايير تتمثل في:

أ. التخطيط السليم لعملية المراجعة والإشراف الدقيق على المساعدين.

ب. دراسة وتقييم نظام الرقابة الداخلية.

ج. جمع أدلة الإثبات.

(1) معيار التخطيط السليم لعملية المراجعة والإشراف الدقيق على المساعدين :

تُمكن عملية التخطيط المراجع من تحديد ما يجب القيام به في عملية المراجعة، ومن سيقوم به والزمن اللازم لتنفيذ مهام عملية المراجعة، ويحتوي معيار التخطيط على القواعد التي يجب على المراجع الإلتزام بها عند تصميم وتطوير خطة المراجعة، وعند إعداد البرنامج الزمني لتنفيذها، وعند تخصيص إمكانيات المراجعة على الأوجه التي تتميز بإرتفاع مخاطرها، بما يمكن من رفع كفاءة وفعالية تنفيذ مهام المراجعة وتحقيق أهدافها، ويعد التخطيط عملية مستمرة طوال فترة المراجعة، حيث يتم وضع خطة عامة متكاملة تتلاءم مع نطاق العمل المتوقع ووضع برنامج مراجعة، ويمكن تعديل الخطة العامة وبرنامج المراجعة في حالة تغير الظروف أو ظهور نتائج غير متوقعة، علاوة على ذلك يجب على المراجع توثيق الخطة بالمستندات.

ولقد جاء في معيار المراجعة الدولي رقم (401 (ISA No. 401) (لسنة 2004) الصادر عن الإتحاد الدولي للمحاسبين IFAC في الفقرتين رقم (7،6)، أنه يجب على المراجع عند قيامه بالتخطيط لعملية المراجعة في بيئة نظم المعلومات المحاسبية الإلكترونية الإلمام بجميع الأنشطة المعقدة والجوهرية بهذه النظم، ويتضمن إلمام المراجع على عدة نواحي تتمثل في النقاط التالية:

1. درجة تعقد التشغيل الذي يقوم به الحاسب الإلكتروني في كل عملية لها أهمية نسبية مرتفعة.
2. الهيكل التنظمي لنظم المعلومات المحاسبية الإلكترونية، ونطاق تركيز أو توزيع هذه النظم، بما يمكن من تحديد أثرها على عملية الفصل بين الواجبات.

3. إمكانية الحصول على البيانات والمستندات الأصلية، وملفات معينة داخل الحاسب الإلكتروني، نتيجة لإتاحة بعض هذه البيانات والمستندات لفترة زمنية قصيرة.

4. تفهم هيكل الرقابة الداخلية الخاص بنظام المعلومات المحاسبي الإلكتروني، وتقييم خطر المراجعة.

كما أن عملية مراجعة نظم المعلومات المحاسبية الإلكترونية تحتاج لمساعدين على درجة عالية من الخبرة والمهارة وهذا قد لا يتوفر ضمن فريق المراجعة، مما يجعل المراجع أمام إما تأهيل وتدريب بعضهم أو الاستعانة بتخصصات وخبرات من خارج المكتب، وتؤدي أيضاً مراجعة هذه النظم إلى صعوبة مراقبة أداء المساعدين لكثير من المهام بمساعدة الحاسب الإلكتروني، إلاّ أن استخدام المراجع لنظم الحاسبات الإلكترونية لعب دوراً إيجابياً في التخطيط السليم لعملية المراجعة والإشراف الدقيق على المساعدين، حيث أمكن استخدام نظم الخبرة في تخطيط عملية المراجعة، كما في تحديد خطر المراجعة وتحديد الأهمية النسبية وتنفيذ الإجراءات التحليلية، ومن أمثلة نظم الخبرة، استخدام نظام أطلق عليه اسم مخطط المراجعة لتحديد الأهمية النسبية عند تخطيط أعمال المراجعة، وأمكن كذلك استخدام نظم دعم القرار في توزيع مهام المراجعة على المساعدين ضمن فريق المراجعة باستخدام نموذج البرمجة بالأعداد الصحيحة، حيث يتضمن هذا النظام ثلاثة مكونات أساسية تتمثل في الآتي:

1. نموذج البرمجة بالأعداد الصحيحة.

2. نظام التخصيص على أساس حكمي.

3. قاعدة البيانات التي تتضمن المعلومات اللازمة لعملية التخصيص.

وفي ضوء ما تقدم يستنتج الباحث أن إسترشاد المراجع بهذا المعيار في تنفيذ عملية التخطيط، تأثر نتيجة تعقد بيئة نظم المعلومات المحاسبية الإلكترونية، وتعقد هيكل الرقابة الداخلية، مما زاد من خطر المراجعة ورفع مستوى الشك عند المراجع، ومن ثَم كان التأثير على طبيعة وتوقيت ومدى عملية المراجعة، والتأثير على توزيع المهام بين فريق المراجعة، إلاّ أن استخدام المراجع لأساليب مراجعة نظم المحاسبات الإلكترونية، رفع كفاءة وفعالية المراجع في التخطيط السليم والتوزيع الملائم لساعات عمل المساعدين ضمن فريق المراجعة، مع إمكانية تقييم أدائهم.

(2) معيار دراسة وتقييم الرقابة الداخلية :

يقصد بنظام الرقابة الداخلية " كل السياسات والإجراءات التي تتبعها الإدارة للمساعدة في تحقيق أهدافها وضمان سير العمل طبقاً لسياسات الإدارة، بما في ذلك حماية الأصول ومنع واكتشاف الغش والخطأ ودقة وإكتمال السجلات المحاسبية والإعداد المناسب للبيانات المالية التي يمكن الاعتماد عليها".

ولقد تطور مفهوم الرقابة الداخلية نتيجة للعديد من العوامل منها، كبر حجم الشركات وانفصال الملكية عن الإدارة، ومن ناحية أخرى زاد الإهتمام بالرقابة الداخلية لضمان الإستغلال الأمثل للموارد الاقتصادية المتاحة، ولمواجهة إمكانية انتشار الفيروسات وسرقة المعلومات المالية دون أن تترك أثر، كنتيجة للتوسع في استخدام الحاسبات الإلكترونية في نظم المعلومات المحاسبية.

ولقد قام الإتحاد الدولي للمحاسبين IFAC بإصدار معيار المراجعة الدولي رقم (IAPS No. 1008) لسنة 2004م، تحت عنوان " خصائص واعتبارات تقييم المخاطر والرقابة الداخلية لنظم المعلومات الإلكترونية "، حيث جاء في الفقرة رقم

(5) أن الرقابة الداخلية لنظم المعلومات المحاسبية الإلكترونية تحتوي على ثلاثة أنواع من الرقابة،تتمثل في الرقابة العامة والرقابة التطبيقية ورقابة المستخدم.

كذلك قام المجمع الأمريكي للمحاسبين القانونيين AICPA بإصدار معيار المراجعة الأمريكي رقم (SAS No.94) لسنة 2001م، تحت عنوان " اعتبارات الرقابة الداخلية في مراجعة القوائم المالية "، حيث جاء في الفقرة رقم (19) أن استخدام تكنولوجيا المعلومات يجعل الرقابة الداخلية أمام العديد من المخاطر، كما في الآتي:

1. الاعتماد على نظم أو برامج تقوم بمعالجة البيانات بشكل غير دقيق أو تعالج بيانات غير دقيقة أو الإثنين معاً.
2. دخول أشخاص غير مصرح لهم، لتدمير البيانات أو تغييرها أو تسجيل معاملات غير موجودة أو غير دقيقة أو غير مصرح بها.
3. تغيير في بيانات الملفات الرئيسية لغير المصرح لهم.
4. تغيير في النظام أو البرامج لغير المصرح لهم.
5. الفشل في إجراء تغييرات جوهرية في النظام أو البرامج.
6. الفقد المحتمل للبيانات.

ومن هنا كان على المراجع ضرورة القيام بدراسة وتقييم هيكل الرقابة الداخلية لتحديد مدى إمكانية الاعتماد عليه في تنفيذ عملية المراجعة، حيث يستطيع المراجع من خلال دراسة وتقييم هيكل الرقابة الداخلية، تقييم خطر المراجعة والحصول على تأكيد بمدى قدرة نظام المعلومات المحاسبية الإلكتروني على توليد معلومات يمكن الاعتماد عليها، ومن ثَم يؤثر هيكل الرقابة الداخلية على كل من طبيعة وتوقيت ومدى إجراءات المراجعة.

لذلك فإن هيكل الرقابة الداخلية السليم يمكن المراجع من اختصار جزء كبير من برنامج المراجعة، وعلى العكس من ذلك فإنه إذا تبين للمراجع أن هيكل الرقابة الداخلية غير سليم، فإنه سيقوم بتوسيع نطاق فحصه، والسبب في ذلك أن نظام المعلومات المحاسبي الإلكتروني يعالج آلاف العمليات المالية، ويكون من غير الممكن وغير الاقتصادي أن يقوم المراجع بمراجعة جميع هذه العمليات بنسبة مائة في المائة، لاعتبارات الوقت والتكلفة، ومن ثَم فإن المراجع يجب عليه أن يعتمد على أسلوب العينات الإحصائية، مما ينتج عنه خطر عدم قدرة المراجع إكتشاف جميع التحريفات في القوائم المالية.

وفي ضوء ما تقدم يستنتج الباحث أن استخدام نظم المعلومات المحاسبية الإلكترونية أدى إلى التأثير على معيار دراسة وتقييم الرقابة الداخلية، نتيجة تعقد نظام المعلومات المحاسبي الإلكتروني وتعقد هيكل الرقابة الداخلية المتعلق به، إلاّ أن استخدام المراجع لأساليب مراجعة نظم المعلومات المحاسبية الإلكترونية، أدى إلى رفع كفاءة وفعالية المراجع في تنفيذ هذا المعيار، من خلال استخدام العديد من الإساليب الإلكترونية مثل أسلوب البيانات الإختبارية المتكاملة، وذلك حيث يقوم المراجع بإنشاء وحدة متكاملة من البيانات الإفتراضية الوهمية، بحيث تحتوي على كافة أنواع الأخطاء التي تُمكن من إختبار نقاط الرقابة.

(3) معيار أدلة الإثبات :

دليل الإثبات في المراجعة هو " أي مستند أو بيان أو إجراء يُمكن المراجع من التأكد من صحة وصدق المعلومات المحاسبية محل المراجعة ".

وعلى المراجع ضرورة إدراك أثر استخدام الشركة لنظم معلومات محاسبية الإلكترونية على أنواع الأدلة، وعلى إجراءات جمعها، حيث تتحول معظم المستندات

الأصلية من مستندات ورقية إلى مستندات إلكترونية، كما في حفظ المستندات الخاصة بدفاتر اليومية ودفاتر الأستاذ على الأشرطة الممغنطة، وتتغير إجراءات جمع الأدلة الإلكترونية حيث يستخدم المراجع أساليب مراجعة الإلكترونية بدلاً من الأساليب اليدوية.

ولقد عرفت دراسة إجراءات المراجعة - بمعرفة المجمع الأمريكي للمحاسبين القانونيين - AICPAالأدلة الإلكترونية على أنها " معلومات تم نقلها وتشغيلها والإحتفاظ بها أو حيازتها عن طريق وسائل إلكترونية يستخدمها مراقب الحسابات لتقييم مزاعم الإدارة بالقوائم المالية".

كما قام الإتحاد الدولي للمحاسبين IFAC بإصدار معيار المراجعة الدولي رقم (ISA 500) لسنة 2004م، تحت عنوان " أدلة الإثبات في المراجعة "، حيث جاء في الفقرات رقم (6،5،3) أنه يمكن الحصول على أدلة الإثبات عن طريق استخدام اختبارات الرقابة وإجراءات التحقق الجوهرية، حيث تمكن الأولى من الحصول على أدلة إثبات بما يؤكد ملاءمة التصميم والتشغيل الف على للنظام المحاسبي وأنظمة الرقابة الداخلية، وتمكن إجراءات التحقق الجوهرية من الحصول على أدلة إثبات عن تحريفات جوهرية موجودة في القوائم المالية، وهي نوعان: اختبارات تفاصيل العمليات والأرصدة وإجراءات الفحص التحليلي.

ومن أهم أدلة الإثبات التقليدية، فحص نظام الرقابة الداخلية والأدلة المادية والمصادقات والمستندات الداخلية والدفاتر والسجلات وملفات العمليات والمقارنات والتحليل المالي والعمليات الحسابية والمقابلات الشخصية، أما عن الأدلة التي تلائم بيئة نظم المعلومات المحاسبية الإلكترونية أهمها ما يلي:

1. التحليل الإحصائي: حيث يستخدم الحاسب الإلكتروني لعمل مقارنات بين البيانات المعدة باستخدام نظام المعلومات المحاسبي الإلكتروني والبيانات أو التقديرات الأخرى المعدة مسبقاً، ويتم عمل تحليلات إحصائية معقدة يصعب إجراؤها في ظل المراجعة اليدوية.
2. وسائل الضبط والتحكم الإلكتروني: حيث يتم مراقبة مدى صحة معالجة البيانات والمعلومات إلكترونياً، وهو يشبه أسلوب المراقبة بالإستثناءات، حيث يتعرف المراجع على الإستثناءات كما في زيادة أحد بنود المصروفات عن المخصص له.
3. أسلوب عينات الإختبار: حيث يقوم المراجع بإنتقاء بعض العينات التي يختبرها أثناء مراجعته للعمليات المعالجة إلكترونياً للتأكد من دقة التشغيل.
4. استعراض تفصيلي للمخرجات: ويستخدم المراجع هذا الأسلوب لمعالجة عيوب أسلوب عينات الإختبار، ويعد هذا الأسلوب هام في حالة الشك من صحة المخرجات.

إلاّ أن جمع الأدلة الإلكترونية محاط بمجموعة من الصعاب نتيجة إحتمال فقد البيانات، وعدم كفاءة المراجع في مجال تكنولوجيا المعلومات، وعدم قدرته على استخدام أساليب المراجعة الإلكترونية.

وفي ضوء ما تقدم يستنتج الباحث أن استخدام نظم معلومات محاسبية إلكترونية في الشركة محل المراجعة، أدى إلى اتساع نطاق أدلة الإثبات، لتشمل أدلة إثبات جديدة لم تكن موجودة في ظل نظم المعلومات المحاسبية اليدوية، ومن ثَم كان لذلك تأثير سلبي على إمكانية تطبيق معيار أدلة الإثبات نتيجة احتمالات فقدان الأدلة وعدم القدرة على قراءتها بالعين المجردة، في حين كان لاستخدام أساليب مراجعة نظم

المعلومات المحاسبية الإلكترونية تأثير إيجابي على تنفيذ عملية المراجعة بما تمتلكه هذه الأساليب من قدرات فائقة تُمكن من خلق أدلة إثبات موضوعية كما في التحليل الإحصائي، ووسائل الضبط والتحكم الإلكتروني.

(4) معايير التقرير :

يعد تقرير المراجع المرحلة الأخيرة في عملية المراجعة، وهو كذلك وسيلة مكتوبة لنقل وإيصال المعلومات ورأي المراجع بشكل واضح ومفهوم وموثوق فيه إلى جميع المستفيدين، كما يعد وثيقة تُمكن من إثبات قيام المراجع بتنفيذ واجباته.

ويسترشد المراجع بمعايير التقرير في إعداد تقريره من الناحية الشكلية ومحتوياته، ولقد قام الإتحاد الدولي للمحاسبين IFAC بإصدار معيار المراجعة الدولي رقم (ISA 700) (No.700لسنة 2004م، تحت عنوان " تقرير مراقب الحسابات عن القوائم المالية التي تم مراجعتها "، ويعد الهدف من هذا المعيار هو وضع قواعد وتوفير إرشادات عن شكل ومحتوى تقرير المراجع الذي يصدره في نهاية عملية المراجعة، كما يوضح هذا المعيار ضرورة قيام المراجع بوضع رأيه مكتوباً وواضحاً عن القوائم المالية ككل، وكأساس لإبداء المراجع رأيه يجب عليه أن يقوم بفحص وتقييم النتائج المستخرجة من أدلة الإثبات، ويتضمن هذا الفحص ما إذا كانت القوائم المالية تم إعدادها طبقاً لمعايير المحاسبة الدولية أو المعايير المحلية، ومدى إتفاقها مع القوانين السائدة.

وتتمثل معايير التقرير في أربعة معايير هي :

(1) مدى إتفاق القوائم المالية مع مبادئ المحاسبة المتعارف عليها :

تعتبر مبادئ المحاسبة المتعارف عليها معيار يقاس عليه صدق وعرض القوائم المالية، وتتكون هذه المبادئ من الأعراف والقواعد والإجراءات اللازمة لتعريف وتحديد الممارسة المحاسبية المقبولة في وقت معين.

(2) مدى ثبات التطبيق للمبادئ المحاسبية المتعارف عليها:

الهدف من ثبات تطبيق المبادئ المحاسبية المتعارف عليها تمكين المراجع من إجراء المقارنة بين الفترات المختلفة، وذلك نتيجة لعدم وجود تغيرات جوهرية في المبادئ المحاسبية المطبقة، وفي حالة وجود تغيرات جوهرية يقوم المراجع بالإشارة إلى ذلك في تقريره.

(3) مدى كفاية الإفصاح الكافي :

يجب على المراجع أن يفصح بشكل كاف في تقريره عن أي معلومات هامة، مثال ذلك في حالة عدم وجود إفصاح كاف للقوائم المالية فعلى المراجع الإشارة إلى ذلك في تقريره.

(4) إبداء الرأي الإجمالي في القوائم المالية:

يحتوى تقرير المراجع على رأيه في القوائم المالية ككل، أو على بيان يذكر فيه أنه لا يستطيع إبداء رأيه في هذه القوائم، وفي هذه الحالة يجب عليه أن يذكر أسباب عدم إبداء الرأي.

(1)إدارة قواعد البيانات :

نظم إدارة قواعد البيانات (DBMS) ، هي البرامج التي تمكن من إنشاء قواعد البيانات وتخزين البيانات بها وإدارتها للحصول على المعلومات، ومن أمثلة هذه

البرامج dBaseIV, dBase III, Oracle, Paradox, Access ، وتتكون نظم إدارة قواعد البيانات من عنصرين أساسيين هما :

- قاعدة البيانات.

- برامج إدارة قاعدة البيانات.

(2) قاعدة البيانات:

تعرف بأنها " مجموعة من ملفات البيانات المرتبطة والمتكاملة والتي تستخدم لتخفيض تكرار البيانات، وللإستفادة منها في العديد من برامج المهام المختلفة ."

وتظهر هذه الملفات المرتبطة والمتكاملة كما لو كانت ملفاً واحداً كبيراً ليحقق احتياجات العديد من مستخدمي البيانات في وقتٍ واحد، وعلى مراجع الحسابات الإهتمام بشكل كبير بهذا الملف حيث يعد أهم منطقة رقابية موجودة في النظام.

ومن ناحية أخرى تمكن قواعد البيانات من تحسين الرقابة وإجراءات المراجعة، حيث يستطيع المراجع من إجراء معاينات إحصائية معقدة لتحديد السجلات التي سيتم فحصها، مع إمكانية استعراض قواعد البيانات بالكامل، وتحديد العلاقات بين السجلات المختلفة، كذلك يمكن للمراجع إنجاز أعمال الفحص بطريقة سريعة نتيجة إمكانية الإستعلام الفوري عن أي بيانات داخل قاعدة البيانات.

أما عن أنواع قواعد البيانات، فأهمها يتمثل في قواعد البيانات ذات الشكل الهرمي، وقواعد البيانات الشبكية، وقواعد البيانات العلائقية، ويعد النوعين الأول والثاني أكثر كفاءة من النوع الثالث، لما تتميز به من قدرة كبيرة في التعامل مع حجم كبير من البيانات والمعلومات، إلاّ أن النوع الثالث - قواعد البيانات العلائقية - هي الأكثر انتشاراً لما تتميز به من سهولة في تعلمها وبرمجتها، ولا تحتاج لحجم كبير من الذاكرة.

(3)برامج إدارة قاعدة البيانات :

برامج إدارة قاعدة البيانات هي التي تمكن من تشغيل البيانات، بما تحتويه هذه البرامج من أوامر وأمكن تبويبها كما يلي:

- أوامر توصيف البيانات: تستخدم لإنشاء الملفات وتوصيف حقول البيانات، من حيث أسماء هذه الحقول ونوع البيانات من رقمية أو حرفية أو تاريخ أو منطقية التي تحتويها هذه الحقول.
- أوامر تجهيز البيانات: تمكن من تنفيذ العمليات الحسابية والمنطقية، وتعديل وحذف سجلات معينة.
- أوامر الإستعلام: تستخدم في استرجاع ملف أو سجل وعرضه، وهي تمكن المراجع من استعراض حركة حساب معين.
- أوامر متنوعة: تمكن من أداء وظائف متنوعة أخرى كما في إنشاء نسخ احتياطية للملفات لحمايتها، ونسخها، وحذفها.. إلخ.

ويتم تعيين مدير لقاعدة البيانات ليرأس مجموعة من الأفراد ويقوم بالتنسيق بينهم، ويكون مسؤول عن تعريف وهيكلة وتأمين ورقابة تشغيل وكفاءة قاعدة البيانات، وتتضمن مهام إدارة قاعدة البيانات ما يلي:

(1) تعريف هيكل قاعدة البيانات وتحديد كيفية تخزين البيانات والوصول إليها عن طريق المستخدمين.

(2) المحافظة على أمن وسلامة البيانات، والتطوير المستمر لقواعد التحقق من سلامة هذه البيانات، وأمنها من الوصول غير المصرح به، وتتضمن مسؤولية أمن وسلامة البيانات ما يلي:

أ. تحديد المصرح لهم بالحصول على البيانات والمعلومات.

ب. تأمين قاعدة البيانات من تعامل غير مصرح لهم، أو التدمير.

جـ منع وجود بيانات غير كاملة أو غير شرعية.

د. إكتشاف فقدان البيانات.

(3) مراقبة أداء النظام وتطوير مقاييس الأداء لمراقبة سلامة البيانات وقدرة قاعدة البيانات على مسايرة احتياجات المستخدمين.

وتتميز نظم قواعد البيانات بأنها متكاملة ومتاحة للاستخدام، وهي تتصف باستقلالية بياناتها، وبالأمان، وقلة احتمال وقوع الأخطاء، وإمكانية استخدامها مع أنظمة أخرى، حيث ظهر مفهوم قواعد البيانات الموزعة، التي تعتمد على ربط عدة مواقع بشبكة اتصالات، وتعمل هذه المواقع معاً كأنها متصلة بقاعدة بيانات واحدة، ويُمكن هذا التوزيع من معالجة البيانات بسرعة أكبر، مع التأكيد على استقلالية المواقع .

(4) نظم تشغيل البيانات الموزعة :

نظم تشغيل البيانات الموزعة تعني أن هناك عدة نظم متصلة معاً من خلال شبكة اتصال، ويتم توزيع مهام تشغيل البيانات على نظم الشبكة، وبالتالي تُمكن هذه النظم من تشغيل البيانات والاتصال عن بعد، سواء من داخل التنظيم أو خارجه، كما في البنوك والفنادق وشركات التأمين والمستشفيات وشركات الطيران والجامعات وغيرها من المؤسسات التي تتعامل مع حجم كبير من البيانات، وهناك نوعان من هذه الشبكات هما:

(1) شبكات الحاسبات المحلية :تغطي هذه الشبكات منطقة جغرافية صغيرة، كما في مصنع أو مكتب، عن طريق ربط مجموعة من الحاسبات الصغيرة بما يمكن من نقل ومعالجة البيانات، بين هذه الحاسبات، على أن يتم تخصيص حاسب

صغير أو أكثر كحاسب مركزي ليتم تخزين البيانات فيه، ويكون لخدمة أغراض الشبكة.

وتتكون الشبكة المحلية من حاسبات صغيرة، وخطوط اتصال، ولوحات تحكم، وتجهيزات معاونة، ويمكن ترتيب الحاسبات الإلكترونية في الشبكة المحلية بثلاث أشكال مختلفة، تتمثل في شكل النجمة وشكل الحلقة والشكل المختلط.

(2) شبكات الحاسبات الواسعة :تغطي هذه الشبكات منطقة جغرافية واسعة، حيث تقوم بالربط بين الشبكات المحلية، عن طريق عدة وسائل اتصال تتمثل في خطوط الهاتف ونظام الموديم، وشبكات التبديل بالحزم، ونظم الموجات الصغرى، والأقمار الصناعية.

(3) نظم التشغيل الفوري للبيانات :يقوم هذا النظام بتشغيل بيانات العمليات فور حدوثها، ويتم تغذية الحاسب الإلكتروني عن طريق نهايات طرفية، ويمكن هذا النظام من تحديث ملفات الشركة فور حدوث العمليات، ومن ثَم الحصول على معلومات محدثة بآخر عملية.

كما يمكن هذا النظام الإستفسار من عدة أماكن، وهنا نجد فقد لجزء كبير من أدلة المراجعة، ويقوم هذا النظام بتقديم التقارير الإستثنائية فقط، ويمكن تبويب نظم التشغيل الفوري للبيانات إلى عدة أنواع تتمثل في الآتي:

(1) نظم التشغيل المباشر الفوري: يتم في هذه النظم إدخال العمليات المالية، ويتم التحقق من صحتها، ثم استخدامها في تحديث الملفات ذات الصلة بشكل مباشر.

(2) نظم التشغيل المباشرة على دفعات: يتم في هذه النظم إدخال العمليات المالية، ويتم التحقق من صحتها، ثم يتم إضافتها لملف النقل الذي يحتوي على

عمليات مالية أخرى تم إدخالها في نفس الفترة، ثم يتم التحقق من صحة ملف النقل، وبعدها يستخدم في تحديث الملفات ذات الصلة.

(3) نظم التشغيل المباشر للتحديث: يتم ربط هذا النظام بنظامي التشغيل المباشر الفوري وعلى دفعات، ويتم التحديث الفوري لملف مذكرة بالعمليات المالية، ويمكن الاعتماد عليه عند الحاجة للإستفسار، كما يتم تحديث الملف الرئيسي بالعمليات المالية من هذا الملف.

(4) نظم التشغيل المباشرة للإستفسار: تُمكن نظم التشغيل المباشرة للإستفسار المستخدمين القيام بعملية الإستفسار عن طريق استخدام وحدات طرفية.

(5) نظم التشغيل المباشرة للتحميل: تُمكن هذه النظم من تحميل البيانات من أحد الملفات الرئيسية إلى جهاز طرفي ذكي، ليتم إجراء معالجة إضافية عليها.

نظم المعلومات المحاسبية الإلكترونية الكبيرة :

يتم استخدام نظم المعلومات المحاسبية الإلكترونية الكبيرة في تشغيل بيانات شركات حجم نشاطها كبير، حيث تتميز هذه النظم بقدرة كبيرة على تخزين وتشغيل البيانات، وذلك من خلال تخزين البيانات على الأشرطة الممغنطة والإسطوانات الثابتة واسطوانات الليزر، علاوة على ذلك فإنها تتمتع بوسائل أمن ذاتية، إلاّ أن نظم الحاسبات الإلكترونية الكبيرة تحتاج إلى قواعد بيانات عامة، وتحتاج أفراد من ذوي الخبرة المتميزة .

نظم المعلومات المحاسبية الإلكترونية الصغيرة :

هذا النوع من نظم المعلومات المحاسبية يستخدم الحاسبات الإلكترونية الصغيرة الحاسبات الشخصية بما تمتلكه من قدرات كبيرة واقتصادية ذات غرض عام، وتتكون هذه الحاسبات من مشغل وذاكرة ووحدة عرض ووحدة تخزين البيانات ولوحة

مفاتيح وتوصيلات بالطابعة ووسائل اتصال، ويتم تخزين البرامج والبيانات عن طريق أساليب تخزين يمكن نقلها وأخرى لا يمكن نقلها، كما يمكن استخدام هذه الحاسبات لتكوين نظام معلومات محاسبي كامل أو جزء منه، وتعد نظم الرقابة ومقاييس الأمان المستخدمة في نظم المعلومات المحاسبية الإلكترونية الضخمة غير قابلة للتطبيق العملي على النظم الصغيرة.

ويتم استخدام نظم المعلومات المحاسبية الإلكترونية الصغيرة في تشغيل بيانات شركات حجم نشاطها صغير، وتعد هذه النظم أكثر مرونة وأقل تكلفة من النظم الكبيرة، وتمكن هذه الحاسبات الإلكترونية من إجراء عملية الفرز والتبويب لبيانات المدخلات وطبع تقارير المخرجات، ومن السهل تتبع العمليات والحصول على أدلة المراجعة، لذلك فهي لا تحتاج إلاّ لمراجعين تم تدريبهم بقليل من التدريب مع الحصول على معلومات أساسية عن كيفية تشغيل البيانات الإلكترونية.

نظم المعلومات المحاسبية الإلكترونية المؤجرة :

هناك بعض الشركات لا يتوافر لديها التسهيلات المالية اللازمة لتمويل عمليات شراء الحاسبات الإلكترونية، أو أن المنفعة من وراء شراء هذه الحاسبات لا تبرر التكلفة، لذلك فإن هذه الشركات تتعاقد مع مؤسسات تقدم خدمات حاسباتها الإلكترونية بمقابل مادي يقوم منتجي أجهزة الحاسبات أو الشركات الكبرى بتقديم مثل هذه الخدمات وتصمم الشركات مقدمة الخدمة النظام وتكتب برامج خاصة للعميل، أو أنها تمتلك مجموعة من البرامج النمطية التي تم إعدادها مسبقاً، ويقوم العميل بنقل بياناته إلى هذه الشركات ويتم تشغيلها ثم يتم إرسال نتائج التشغيل للعميل .

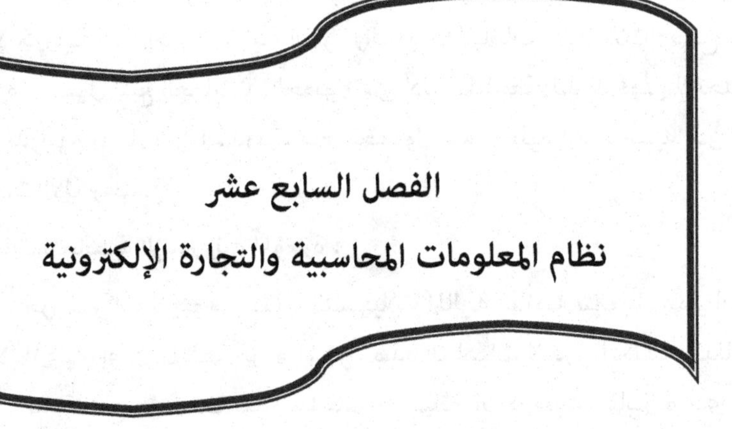

الفصل السابع عشر

نظام المعلومات المحاسبية والتجارة الإلكترونية

نظام المعلومات المحاسبية والتجارة الإلكترونية

تمهيد

إن نظام المعلومات المحاسبي تأثر كثيرا بممارسة أنظمة التجارة الالكترونية، وذلك باعتبار أن هناك ارتباطا وثيقا بين كل من نظم تتحمل المؤسسة والعميل العديد من المسؤوليات الاسترشادية عند توفير وتلقي خدمات عبر شبكات اتصال الكترونية التوسع في إدخال تكنولوجيا نظم الخبرة الناتجة عن نظم الذكاء الالكتروني ضمن نظام المعلومات المحاسبي.

تعقد إجراءات وضوابط المراجعة والتدقيق والتحاسب الضريبي و الحاجة الملحة لمعايير محاسبة و مراجعة متطورة تأخذ في الحسبان البعد الالكتروني الناجم عن إدخال التطور المستمر والسريع لشبكات الاتصال الالكترونية في التحاسب من خلال:

- مكان اعتماد المؤسسة على مصادر خارجية بشأن الدعم الفني للخدمة الالكترونية المقدمة.
- إمكان وصول المؤسسة لشريحة كبيرة من العملاء ، بالإضافة لسرعة تقديم و إيصال المنتجات الجديدة والمبتكرة.
- زيادة كفاءة أداء المؤسسات وخفض تكاليف التشغيل بها وتكاليف انجاز عمليات التجزئة محليا ودوليا.
- انخفاض حجم المدخلات وتغيرها بشكل شبه كامل في الأنظمة الفورية .
- زيادة الضوابط الرقابية الرسمية للعمليات.
- زيادة مخاطر التشغيل وتتمثل في عدم التأمين الكافي للنظم .
- عدم ملائمة تصميم النظم أو انجاز العمل أو أعمال الصيانة و إساءة الاستخدام من قبل العملاء.

إمكان القيام العملاء المشتركين في الخدمة الالكترونية بعمليات غسيل الأموال باستخدام معلوماتهم وتعاملاتهم الشخصية التجارة و أنظمة إنتاج المعلومات. ويمكن ذكر أهم هذه التأثيرات العامة للتشغيل وممارسة أنظمة التجارة الالكترونية على نظام المعلومات المحاسبي.

الأبعاد المحاسبية للتجارة الالكترونية

والتي تتمثل في:

(1) تزايد الوزن النسبي للأصول غير الملموسة للمنشآت الداخلة في صفقات التجارة الالكترونية.

(2) تتم الصفقة أو الجزء الأساسي منها في التجارة الالكترونية إلكترونيا أو كما نقول Onlineولذلك فإنه لا يوجد مستندات ورقية وحتى التوقيعات تتم إلكترونيا ويتم الدفع أيضا من خلال وسائل الدفع الالكترونية.

(3) كيفية توفير خدمات الثقة التي يقدمها مراقب الحسابات وما هي المعايير التي تقدمها الجهات التي تضع معايير المراجعة للتحقق المستقل من صفقات التجارة الالكترونية.

أو بمعنى آخر

ما هي مبادئ ومعايير الثقة في المواقع الالكترونية على الانترنت ؟

وكيف يطمئن العميل أو المستهلك لتوافر الثقة في المواقع الالكترونية ؟

بعثت تقنية المعلومات المتقدمة آمالاً كبيرة لدى كثير من الباحثين في أن تقوم هذه التقنية بإحداث تغيير في المحاسبة الإدارية وذلك بتسهيل استخدام أساليب المحاسبة الإدارية الحديثة.

ونظراً لعدم وجود إطار نظري يمكن الاعتماد عليه في دعم هذه الرؤية اعتمد الباحثون على عدد كبير من المنافع المرجوة من استخدام تقنية المعلومات المتقدمة منها:

(1) أن نظم المعلومات المدمجة تدعم التخطيط الاستراتيجي.

(2) أنها تعمل على تغيير الهيكل التنظيمي وذلك بإحداث ترابط قوي بين الوظائف الإدارية.

(3) أن الترابط بين كافة نظم المعلومات يعمل على دعم وحدة البيانات والتقارير.

وقد أكدت نتائج الدراسات الميدانية التي كانت تهدف إلى معرفة مدى تأثير تقنية المعلومات على انتشار أساليب المحاسبة الإدارية الحديثة على أن هناك منافع عامة لاستخدام تقنية المعلومات من حيث أنها تزيد من الفاعلية والكفاءة والجودة العالية للمعلومات إضافة إلى سهولة الوصول إليها, إلا أن تأثير تقنية المعلومات كان ضعيفاً على تحسين مستوى دعم القرار بالنسبة للمحاسبة الإدارية, وبصفة خاصة تأثير تقنية المعلومات كان ثانوياً على استخدام أساليب المحاسبة الإدارية الحديثة مثل التكاليف على أساس النشاط, تقييم الأداء المتوازن، تحليل سلاسل القيم وغيرها, والتي تتطلب معالجة معقدة للمعلومات وليس مجرد استخراج التقارير المالية من البيانات.

هذا وقد أشارت بعض هذه الدراسات إلى أن هناك أسباباً لضعف تأثير تقنية المعلومات على تبني المحاسبة الإدارية الحديثة منها:

(1) أن نظم تقنية المعلومات المتقدمة معقدة وتتطلب بعض الوقت حتى يتسنى الحصول منها على المنافع الأكثر تعقيداً, وليس غريباً على هذه النظم المتطورة جداً أن يحتاج المستخدمون وقتاً للتعلم على كيفية استخراج المنافع المتوقعة منها خاصة أن هذه النظم تشهد تطوراً مستمراً وسريعاً.

(2) إن إمكانية الحصول على كافة المنافع المتوقعة من هذه النظم وعلى رأسها استخدام أساليب المحاسبة الإدارية الحديثة محدودة طالما أن تطبيق بعض المنظمات لهذه النظم ما زال جزئياً وليس كلياً.

(3) إن هناك جيلاً جديداً ومكملاً لهذه النظم يركز على تحليل المعلومات الإستراتيجية والمتوقع أنه سوف يشجع على استخدام الأساليب الحديثة للمحاسبة الإدارية.

تجدر الإشارة إلى أن تقنية المعلومات لا تمثل سوى عامل واحد وهناك عوامل كثيرة تؤثر على المنشآت لنظم المحاسبة الإدارية الحديثة مثل حجم المنشأة, إستراتيجية المنشأة ونوع القطاع (صناعي, خدمي), فعلى سبيل المثال قد تفضل المنشآت الصناعية التي تستخدم نظم التصنيع المتقدمة استخدام أسلوب التكاليف على أساس النشاط نظراً لأن نسبة التكاليف الصناعية غير المباشرة كبيرة جداً مقارنة بتكاليف العمالة المباشرة المنخفضة جداً في مثل هذه المنشآت.

من ناحية ثانية لم يقتصر الجدول حول مفهوم فقدان الملائمة على ضرورة استخدام أساليب المحاسبة الإدارية الحديثة بل تعدى ذلك إلى قضية أخرى لا تقل أهمية، وهي أن المحاسبة المالية ومتطلباتها الإلزامية التي تشمل إعداد تقارير مالية لمختلف الجهات الخارجية قد هيمنت على المحاسبة الإدارية, بمعنى أنه في حالة وجود نظام مالي واحد فإن هذا النظام سوف يخدم المحاسبة المالية وعلى حساب المحاسبة الإدارية التي تأتي في الدرجة الثانية. فاهتمام الإدارة العليا بهذا النظام المالي سوف يشغل المحاسبين والنتيجة اعتماد المدراء على مخرجات هذا النظام عند اتخاذ القرارات ومخرجات نظم المحاسبة المالية تعتبر غير ملائمة لاتخاذ القرارات .

ومما تشير إليه الدراسات الميدانية في هذا أنه كان لتقنية المعلومات أثر إيجابي على هذا الجانب فقواعد البيانات المتقدمة تقدم معلومات لمختلف الأغراض وتفصل بين معلومات المحاسبة المالية والمحاسبة الإدارية.

عيوب استخدام الحاسب في نظام المعومات المحاسبي

رغم المزايا التي أضافتها الحاسبات الآلية لنظام المعومات إلا أن التكنولوجيا تبقى كما يقال "سلاح ذو حدين" لها جانب ايجابي و أخر سلبي ، و من بين سلبيات اعتمادها في نظم المعلومات المحاسبية ما يلي:

(1) اختفاء السجلات المادية :في ظل التشغيل الإلكتروني لنظم المعلومات المحاسبية تتم عملية التسجيل و حفظ البيانات باستخدام النبضات الإلكترونية في الذاكرة الرئيسية للحاسب أو على أقراص ممغنطة و مضغوطة يستحيل على الإنسان قراءتها و الوحيد القادر على القراءة هو الحاسب و بالتالي أصبحت البيانات المحاسبية غير مرئية.

(2) عدم وجود سند جيد للمراجعة: و يقصد بسند المراجعة عملية تتبع البيانات والعمليات من مصدرها و صولاً إلى نتائجها النهائية أو العكس ، بمعنى البدء من النتائج النهائية للعملية و الانتهاء بمصدرها و مع التشغيل الإلكتروني لنظم المعلومات المحاسبية لا يتحقق هذا الأمر بسبب غياب السندات المادية الملموس التي من مميزاتها السماح بتتبع العمليات و مراجعة كل البيانات من أجل التحقق منها ، و النظم الإلكتروني لا تمكن من ذلك لأن كما سبق الذكر أن البيانات مخزنة في مستندات غير مرئية على شكل و حدات إلكترونية لايستطع قراءتها إلا الحاسب بالبرامج المخصصة لها.

(3) سهولة الغش و ارتكاب جرائم الحاسب: يقصد بالغش و جرائم الحاسب في مجال الحاسبات الإلكترونية التلاعب في برامج الحاسب من خلال التلاعب في

ملفات البيانات ،التشغيل ، المعدات و يؤدي ذلك إلى إلحاق خسائر بالتنظيمات التي يقع الغش في مجال استخدامها للحاسبات .

و يقصد بها أيضاً الجريمة التي يتم ارتكابها إذا قام شخص ما باستخدام معرفته بالحاسب الآلي بعمل غير قانوني و التي تتطلب إلماماً خاصاً بتقنيات الحاسب الآلي ونظم المعلومات المحاسبية.

تقع مثل هذه العمليات نظرا لأن الملفات أصبحت غير مادية و غير مرئية و هذا ما يمكن من تغيير أو إضافة أو حذف أي بيانات دون ترك أثر يدل على حدوث هذه العمليات ، مما يسهل من ارتكاب حالات الغش و جعل من الصعب اكتشافها.

(4) فيروسات الحاسب : إن لفيروسات الحاسب أثر سلبي مباشر على ذاكرة الحاسب التي قد تودي به إلى فقدان كل الذاكرة أو تلف البيانات المخزنة بشكل كلي أو جزئي ، مما يوثر على عمل نظام المعلومات المحاسبي و ذلك كله بسب تحول السجلات و الدفاتر من دفاتر مادية يستطيع أي شخص قراءتها إلى ملفات رقمية مخزنة في ذاكرة الحاسب الوحيد القادر على قراءتها هو الحاسب نفسه فإذا أصيبت هذه البيانات بفيروس معناه عطب النظام أو فساده مما يحمل المؤسسة تكاليف باهظة في بعض المرات .

رغم بعض العيوب التي نتجت جراء استخدام الإعلام الآلي في نظم المعلومات المحاسبية ، إلا أن الحاسب يبقى ضرورة حتمية في الوقت الحالي لا يمكن الاستغناء عنه في أي نظام معلومات محاسبي نظرا للمزايا التي لا تحصى و التي يقدمها لهذا النظام.

الفصل الثامن عشر

قائمة المراجع

قائمة المراجع

(أ) المراجع العربية

(1) قاسم، عبد الرزاق محمد، (2006). تحليل وتصميم نظام المعلومات المحاسبية، (ط1). دار الثقافة للنشر والتوزيع، عمان - الأردن.

(2) حلوة حنان، رضوان كحالة، جبرائيل، (1996). المحاسبة الإدارية (مدخل محاسبة المسؤولية وتقييم الاداء). منشورات دار الثقافة للنشر والتوزيع. عمان- الأردن.

(3) القاضي، حسين، (1991). نظرية المحاسبة. منشورات جامعة دمشق - سوريا.

(4) قاسم، عبد الرزاق، (1997). نظم المعلومات المحاسبية، منشورات دار الثقافة. عمان - الأردن.

(5) ستيفن، موسكوف، مارك، سيمكن، (1989). نظم المعلومات المحاسبة، لاتخاذ القرارات (مفاهيم وتطبيقات)، دار المريخ للنشر. الرياض.

(6) الصباغ، عمار عبد الوهاب، (1997). المفاهيم الحديثة في أنظمة المعلومات المحاسبية، منشورات دار الثقافة للنشر والتوزيع. عمان - الأردن.

(7) دبيان، عبد المقصود، عبد اللطيف، ناصر نور الدين، (2004). نظم المعلومات المحاسبية وتكنولوجيا المعلومات. الدار الجامعية. جامعة الإسكندرية.

(8) العربيد، عصام فهد، الزعبي، زياد أحمد، (2003). نظم المعلومات المحاسبية. مدخل تطبيقي معاصر، (ط1). دار المناهج للنشر والتوزيع. عمان - الأردن.

(9) الدهراوي، كما الدين، (2007). نظم المعلومات المحاسبية، المكتب الجامعة الحديثة. عمان - الأردن.

(10) عبد الخالق، أحمد فؤاد، (1985). نظم المعلومات المحاسبية. بدون ناشر. القاهرة.

(11) بشتاوي، سليمان، أبو خزانة، إيهاب، (2004). مبادئ المحاسبة، (ط1). دار المناهج للنشر والتوزيع. عمان - الأردن.

(12) الحجاوي، جلال، نعوم، ربان، (2007). المحاسبة المالية، (ط1). دار جهينة للنشر والتوزيع. عمان - الأردن.

(ب) المراجع الأجنبية:

(1) Date, C, J, (2000). An Introduction to Database Systems Seven Edition, Addison - Wesley Publishing Company.

(2) Atkinson, AA, and Banker R.D, and Kaplan, (1997). Management Accounting, Prentice-Hall, New Jersey.

(3) Rommey, Marshall, B., (2002). Accounting Information Systems, 8th edition, Prentice-Hall. Inc.

(4) Scheer, August, W., (1988). Wirtschafsiulforumatik information system in industriebetrieb springer - verlag, Berlin, Heidelbereg.

(5) O'Breien James, A, (1990). Management information systems (A Managerial End User Prespective), Irwin Homewood.

(6) Cooper, R, and Kaplan, R.S, (1998). Integrated cast systems, Harvard Business Review, July - August.

(7) www.financialmanager.wordpess.com

(8) www.sqarra.wordpres.com

(9) www.ibtesama.com

(10) www.skfupm.com

(11) Page, J and Phooper, (1983). Accounting and Informational Systems, 2nd ed, Prentice - Hall International Inc, New York.

(12) Ifa, iec, (2001). Information Technology for Professional, Education Committee.

قائمة المحتويات

الفصل الثامن: معالجة البيانات في إطار علم المحاسبة

الفصل التاسع: نظام معلومات المحاسبة المالية

الفصل العاشر: نظم المعلومات المحاسبية في المنظمة

Printed in the United States
By Bookmasters